# Anuario de Poesía de San Diego 2025-26

## *Papalotl*

Edición Bilingüe • Bilingual Edition

San Diego Entertainment + Arts Guild
San Diego, California

San Diego Entertainment and Arts Guild (SDEAG)
1953 Huffstatler St., Suite A
Rainbow, CA 92028
760 458-2704 (text)
760 728-2088 (message)

sandiegopoetryannual.com
sdpoetryannual@gmail.com
@sdpoetryannual

sdeag.org
sdeag1@gmail.com

© San Diego Entertainment and Arts Guild (SDEAG)
     All rights reserved

No part of this book may be reproduced, stored in a retrieval system or transmitted by any means without the express written consent of the Publisher.

First published by San Diego Entertainment and Arts Guild on March 1, 2026.

ISBN: 9798278922025

Printed in the United States of America.

The views expressed in this collection of poems and translations are solely those of the poets/translators and do not necessarily reflect the views of the Publisher, and the Publisher hereby disclaims any responsibility for them.

# *In Memoriam*

ALEQS GARRIGÓZ

(1986-2025)

# Índice / Contents

*In Memoriam*     *iii*

Aleqs Garrigóz
   **Te llamaba *Owy* cariñosamente en mi pensamiento**     2
   **I affectionately called you *Owy* in my mind**     3
   *translation by* Don Cellini

Carolina Alvarado
   **Si septiembre fuese un envoltorio**     4
   **If September were a wrapper**     5
   *translation by the author*

Roxana Arroyo
   **Jamás**     6
   **Never**     7
   *translation by the author*

Nadia Ávila
   **Reutilizada, reducida, eliminada**     8
   **Reused, reduced, removed**     9
   *translation by the author*

Ana Karina Balderrábano
   **La Luna**     10
   **The Moon**     11
   *translation by* Manuel Cruces Camberos

Omar Bárcena
   **Efímero** (alejandrino)     12
   **Ephemeral** (Alexandrine)     13
   *translation by the author*

Paty Blake
   **Hogar**     14
   **Home**     15
   *translation by* Manuel Romero

Ingrid Bringas
   **Del otro lado de la costa**     16
   **On the other side of the coast**     17
   *translation by* Don Cellini

Flora Calderón Ruiz
   **Maritrinando. Melancolía con café y atardecer**     18
   **Maritrinando. Melancholy with coffee and sunset**     19
   *translation by* Daniel R.C.R.

Meritxell Calderón Vargas
   **En caso de emergencia llamar a Leonor**     20
   **In case of emergency call Leonor**     21
   *translation by the author*

Carmen Campuzano
**Postales de Tijuana** 22
**Postcards from Tijuana** 23
*translation by* Cristina Márquez

Fernando Carrera
**Padre** 24
**Father** 25
*translation by* Jennifer Rathbun

Nancy W. De Honores
**Estrujando historia** 26
**Wringing stories** 27
*translation by the author*

Carlos Domenzain
**Nebulosa de Fermat** 28
**Fermat's Nebula** 29
*translation by* Yara Patiño and Carlos Magaña Renoud

Romina Espinosa
**Sanar** 30
**On Healing** 31
*translation by the author*

Rosa Espinoza
**Un árbol nunca muere** 34
**A tree never dies** 35
*translation by* María Iliana Hernández Partida

Xavier G
**El Club de la Copia** 38
**The Copy Club** 39
*translation by the author*

Alfonso García Cortez
**Susurros** 42
**Whispers** 43
*translation by the author*

Carmelita Gómez Bravo
**Décima al abuelo** 44
**Grandpa's love** 45
*translation by* Olga García

Pilar González España
**Quiero, debo, tengo que salir de aquí** 46
**I want, I should, I must leave here** 47
*translation by* Alan Smith

Márgara Goyzueta
**De rascacielos** 48
**Clouds flooded** 49
*translation by the author*

Luz Armida Guerrero
**Habitación vacía** 50
**Empty Room** 51
*translation by the author*

Gabriela Guinea Johnston
**Ayer me acerqué a tu paradigma** 52
**Yesterday I approached your paradigm** 53
*translation by the author*

Iliana Hernández Arce
**Si no eres una mujer libre** 56
**If you're not a free woman** 57
*translation by* Françoise Roy

Iliana Hernández Partida
**Soy Lázaro** 58
**I am Lazarus** 59
*translation by* Marijose Padilla Hernández

Claire Joysmith
**Papalotl** 60
**Papalotl** 61
*translation by the author*

Lola Langarica
**Alabanza** 62
**Eulogy** 63
*translation by the author*

Guisela López
**Desesperanza** 66
**Hopelessness** 67
*translation by* Aída Teresa López del Valle

enriKetta luissi
**Drip Drip Drip** 68
**Drip Drip Drip** 69
*translation by* Olga García

Miriam Damaris Mardivino
**Jevo No Sabo** 70
**Jevo No Sabo** 71
*translation by* Rossy Lima Padilla

Alberto Melena
**La línea que nos une** 72
**The line that unites us** 73
*translation* by Gabriela García

Fabiola Morales Gasca
   **Natura**    74
   **Nature**    75
   *translation by* Richard Reitsma

Mónica Morales Rocha
   **Un día del 2003**    76
   **One day in 2003**    77
   *translation by the author*

Eliézer Navarro
   **En mi extremo Oriente**    78
   **Far East of Me**    79
   *translation by the author*

Javier Norambuena
   **Un frontispicio acuático**    80
   **An aquatic façade**    81
   *translation by* Olga García

Bibiana Padilla Maltos
   **Sin medias tintas**    84
   **No half measures**    85
   *translation by the author*

Yara Patiño Estévez
   **Todavía no tenemos una teoría semejante**    86
   **And yet, we still don't have such a theory**    87
   *translation by the author*

Majo Ramírez-Jiménez
   **Las semillas del telar**    88
   **Seeds of the Loom**    89
   *translation by the author*

Dalia Azucena Ramos Leyva
   **Hambre**    90
   **Hunger**    91
   *translation by the author*

Edwin Rendón
   **Ojos/Eyes/Ice/Hielo/Yellow/Amarillo**    92
   **Amarillo/Yellow/Hielo//Ice/Eyes/Ojos**    93
   *translation by the author*

Pilar Rodríguez Aranda
   ***Nonantzin Tlaolli***    96
   ***Nonantzin Tlaolli***    97
   *translation by the author*

Sofía Rodríguez Fernández
   **Tejedoras de las mareas**    100
   **Weavers of tides**    101
   *translation by* Alissandro Aguilera Rodríguez

Daniel Rojas Pachas
   **En el país de los silencios**    102
     **In the land of silence**    103
       *translation by the author*

Pepe Rojo
   **Notas**    106
     **Notes**    107
       *translation by the author*

Manuel Romero
   **Cadete**    108
     **Cadet**    109
       *translation by the author*

Guillermo Romo de los Reyes
   **Emma B.**    110
     **Emma B.**    111
       *translation by the author*

Tamara Salamonovitz
   **Chai Latte**    112
     **Chai Latte**    113
       *translation by the author*

Armando Salgado
   **A pesar de la fama el normalismo es el mismo**    114
     **Despite the fame normalism remains the same**    115
       *translation by* Raúl Olmo Fregoso Bailón and Jafeth Sánchez

Alan Smith Soto
   **Días de agosto**    116
     **August Days**    117
       *translation by the author*

Carlos F. Tarrac
   **Simplificación**    118
     **Simplification**    119
       *translation by the author*

Daniel Téllez
   **Jodie Foster**    120
     **Jodie Foster**    121
       *translation by* Xavier G

Angélica M. Yañez
   **Abuelita hace el último tamal**    122
     ***Abuelita* makes the last *tamal***    123
       *translation by the author*

Ánuar Zúñiga Naime
   **Más que una pregunta**    126
     **More than a question**    127
       *ranslation by the author*

| | |
|---|---|
| **Poetas y Traductores / Poets and Translators** | 128 |
| **Editores / Editors** | 141 |
| **Agradecimientos** | 142 |
| **Thanks** | 142 |
| **Créditos** | 142 |
| **Credits** | 142 |

# Anuario de Poesía de San Diego
# 2025-26

## *Papalotl*

Edición Bilingüe • Bilingual Edition

**Editora / Editor**
Olga García

**Editor En Jefe / Publisher**
Michael Klam

**Editor Fundador / Founder**
William Harry Harding

# Te llamaba *Owy* cariñosamente en mi pensamiento

Ya la primera vez que te miré quise prenderme de ti. Como un halcón a un blanco conejo, mas benévolo, te me acerqué. Así te conocí mejor, me conociste. Hasta llegar, con naturalidad portentosa, a congraciarnos: la escuela, nuestras casas próximas y los fines de semana. Para su salud, te abrí mi corazón mil veces suturado como a un azar generoso. Cada momento contigo era una flecha de luz que más me reblandecía.

Te buscaba y esperaba paciente, como la raíz al agua. Tu cercanía suavizaba la despreciable grisura de los días. Mi inquietud se domaba en tu casta voz. Y entonces pastabas tan confiado en mí; que no supe alguna vez si te quería como a hermano conquistado. O como a un príncipe. En todo caso, yo te habría venerado como a un dios efebo.

Flaco y rubio como espiga, todo fuiste de consolación y ternura; placentero dulce de leche del que habría anhelado emborracharme con la voluntad y sabiduría de mis años, poco a poco. "Eres hermoso", te hice notar por tanto. Y esperé que reconocieras en esa frase un dictamen irrevocable, eterno.

Yo sólo podía acceder a ciertas zonas de tu ser, robando gotas de sangre de tu corazón para alimentar al mío. Mas te amaba a cada instante como amigo fiel, pendiente de ti de un modo familiar y seguro. En tanto, ambicionaba tu abrazo. Y en la intimidad mi instinto se rendía a la admiración furtiva de tus pies: frutos de oro, dechados perfectos.

Pero luego ya te habías ido: de pronto, como llegaste. Una ardua distancia de países se volvió a erigir entre nosotros que este verano no sabíamos que el otro existía. Me siento amputado de ti. Recónditos filamentos fueron tirados con brusquedad doliente.

Mas ensanché por ti con, esclarecido y caro ímpetu, el volumen de mi depreciada bondad. Y eso fue verdadero regalo sideral.

El invierno está muy cerca. Sin ti lo sentiré más frío. He comenzado a enfermarme.

# I affectionately called you *Owy* in my mind

*translation by* Don Cellini

The first time I saw you, I was taken by you. I approached you like a hawk on a white rabbit but more benevolent. That's how I got to know you better and you me. Finally, we courted each other with complete naturalness: at school, at our nearby houses, and on the weekends. I opened my heart for its health –a thousand times sutured– as to a generous fate. Every moment with you was an arrow of light that made me more warmhearted.

I looked for you and waited patiently, like a root for water. Your closeness lightened the despicable grayness of days. My restlessness was tamed in your innocent voice. And then you became so confident in me; at times I didn't know if I loved you as a conquered brother or as a prince. In either case, I would have venerated you as a youthful god.

Slender and wheat-blond, you were all about consolation and tenderness; sweet, pleasant milk that I longed to get drunk on, little by little, with the will and wisdom of my years. "You are beautiful," I pointed out to you. And I hoped that you would recognize in that phrase an irrevocable, eternal judgment.

I could only access certain areas of your being, stealing drops of blood from your heart to feed my own. But I loved you at every moment as a faithful friend, aware of you in a familiar and safe way. Meanwhile, I was aspiring for a hug. And in private my instinct was yielding to the furtive admiration of your feet: golden fruits, perfect samplers.

But then you were gone, as suddenly as you came. An arduous distance of huge countries opened again between us that summer as if we did not know that the other existed. I felt amputated from you. Hidden filaments were pulled with painful abruptness.

Furthermore, the volume of my depreciated goodness increased with clear and affectionate energy for you. And this was a real astral gift.

Winter is very close. It will be colder without you. I've started getting sick.

CAROLINA ALVARADO

# Si septiembre fuese un envoltorio

Si septiembre fuese un envoltorio:
papel metálico que envuelve un ácido dulce.
Si septiembre fuese un día de lluvia conservado en una lata,
si abriéramos la lata y nos bebiéramos la lluvia.
Si septiembre fuese la *matrioshka* que guarda octubre:
un cascarón, una nuez, las fibras de una galaxia,
galaxia conformada por planetas y, entre ellos, octubre.

Si los olores de septiembre huyesen de su empaque,
si su contenido cayese al suelo.
¿Vendría octubre sin septiembre?
¿Se detendría noviembre sin la llegada de octubre?

Si septiembre fuese una cortina de humo,
Una estampida de peces, una tormenta en el pronóstico.
Si se anunciase en la voz de los políticos,
promesa de cada candidato,
a la presidencia, a gobernador, a jefe municipal.
Si se acabase el presupuesto, gastado en lujosas casas de mármol,
y no quedase dinero para traer septiembre.
Qué pasaría si septiembre fuese y no.
Siniestro día de neblina, oculto en la cajuela del carro.

# If September were a wrapper

*translation by the author*

If September were a wrapper:
metallic paper wrapping a sweet acid.
If September were a rainy day preserved in a can,
And if we open the can and drink the rain.
If September were the *matryoshka* that keeps October:
a shell, a nut, the fibers of a galaxy,
a galaxy made up of planets and, among them, October.

If the smells of September escape from their packaging,
if its contents fall to the ground,
Would October come without September?
Would November stop without the arrival of October?

If September were a smokescreen,
A stampede of fish, a storm in the forecast.
If this month were announced in the voice of politicians,
the promise of each candidate,
for president, for governor, for mayor.
If the budget ran out, spent in luxurious marble houses,
and there was no money left to bring in September.
What would happen if September came and didn't?
Then, it would be a sinister foggy day,
hidden in the trunk of the car.

# Jamás

aquí en la tierra
la eterna sequía
bajo ese azul corrupto

nos acecha
              de cerca
              espera

cuándo

es que el cielo y la tierra
jamás
se tocan

cuando el azul se quiebre

finalmente

# Never

*translation by the author*

here on the ground
the eternal drought
under that corrupted blue

lurking

                up close
                waits

when?

the thing is that heaven and earth
never
touch

when the blue crumbles

eventually

## NADIA ÁVILA
# Reutilizada, reducida, eliminada

En la época del *greenwashing*
me enorgullece decir que bañarme
solo me toma tres minutos.
Pero mi consumismo se nota
en los botes de champú en seco que tengo debajo del lavabo.
    Evitación.
Espero a que hierva el agua
para quitarme la ropa.
Con las luces apagadas
me enjabono, me enjuago
y me seco rápido, rápido
rápido me visto de espaldas al espejo.
    Vergüenza.
No uso maquillaje desde los veintes.
Menos es más, el *clean look* es lo de hoy
Menos vanidad, menos estándares que cumplir,
menos tiempo para estar cerca de mi propio reflejo.
Miro de reojo la verdad.
    Asco.
Ahora solo venden ropa de poliéster de un solo uso
que no sobrevive a la lavadora
o a la siguiente tendencia, así que prefiero usar un
suéter *oversized* de alta calidad todo el año.
La pieza clave de lo que llaman 'guardarropa cápsula'.
—por favor, cualquier cosa menos que entrar al probador—
    Pavor.
Me levanto de la mesa en cuanto termino de comer:
"me cepillo los dientes y vuelvo enseguida".
Mis carillas dentales lo exigen, la compulsión
de mantenerme limpia lo exige.
    Mejor.
Moderación y sencillez,
una fachada que no molesta
a nadie, que no llama la atención.
Pasar desapercibida, un regalo
para quien anhela la invisibilidad.

# Reused, reduced, removed

*translation by the author*

In the days of *greenwashing*
I take pride in taking
three minute showers
Still my consumerism shows
in the various dry shampoo bottles under the sink.
    Avoidance.
I wait until the water pours
scalding hot to remove my clothes
Lights out, soap-up and rinse
and tap dry myself quicky, quickly
I quickly dress up standing face back to the mirror.
    Shame.
I haven't worn makeup since my twenties
Now, less is more, the trendy *clean-look*
Less vanity, fewer standards to meet,
less standing to close to my own reflection
Side-eyeing the truth.
    Disgust.
On sale now: clothes made of single-use polyester
May not survive the next wash
or the next trend, so I rather wear a
high-quality oversized sweater year round.
The key piece of what's called 'capsule wardrobe'.
—please, anything but fitting rooms—
    Dread.
I leave the table as soon as I finish meal
(Bad manners)
'I'll brush my teeth and be right back'
Veneers demand it, the compulsion
to keep myself clean demands it.
    Better.
Restraint and simplicity,
a façade that doesn't disturb
anyone around, that doesn't call for attention.
To go unnoticed, a gift
for the yearner of invisiblility.

ANA KARINA BALDERRÁBANO

# La Luna

La luna   ay, la luna  y su mar
su inconmensurable belleza
en el seno de la noche fría
colgada en el centro del cielo
de plata y armiño invernal

como deidad exquisita
con todas sus caras
horizontal       cuna     vertical     uña
oscilando un conejo gris

Luna brillante trastocando a la vida
luna de sangre     luna azul
superluna          luna de cosecha
Luna nueva         creciente       menguante       hipnótica

Su arribo es de un albino
en el infinito desierto
de mirada clara
quizás transparente

Aquelarre perpetuo
amante diligente
"en dosis precisas y controladas"
igual para suicidas y amorosos

Luna oasis en lo profundo del firmamento
la guardo en un ojo para no olvidarla.

# The Moon

*translation by* Manuel Cruces Camberos

The moon, oh, the moon and its sea
its immeasurable beauty
in the bosom of the cold night
hanging in the center of the sky
of silver and wintry ermine

like an exquisite deity
with all its faces
horizontal   cradle   vertical   nail
oscillating a gray rabbit

Bright moon disrupting life
blood moon    blue moon
super moon    harvest moon
New moon    waxing    waning    hypnotic

Its arrival is of an albino
in the infinite desert
of clear glance
transparent perhaps

Perpetual coven
diligent lover
"in precise and controlled dosage"
same for suicides and the amorous

Oasis moon in the deep of the firmament
I keep in one eye so I won't forget it.

OMAR BÁRCENA

## Efímero (alejandrino)

Efímeros tus arroyos, pasajeros como yo
Algo intermitentes, perennes ríos jamás quizá
Casi perpetuamente no, aunque escondidos van
Dejando grueso fango, listo a resquebrajar
Marcando con heridas, huyes de lo fantasmal
Que nutren lo más profundo, más alto suben y se van
Dejando finos trazos, algún flujo laminar,
En súbitos barrancos cae, trayectoria fugaz
Rocas arrastradas hay, inmovibles piedras caen
Indicando su paso, entre palmeras caídas
Sábanas de arena, y un cielo inverso
Donde igual brilla esto, dejado aquí seco

# Ephemeral (Alexandrine)

*translation by the author*

Ephemeral are your creeks, transient they pass through like me
Appearing seasonally, perennial they are not
In perpetuity's lot, concealed underground they trot
Behind them leaving thick mud, soon to be ready to crack
Sculpting these abysmal gouges, carver leaves desiccation
wetting what is in the depths, and floating away as steam
leaving layers of fine traces, *mille-feuilles* of laminal flows
Into sudden chasms it falls, this fleeting trajectory
with dragged boulders far and wide, all these motionless stones fall
showing us its fallen path, between palm-trees it has floored
between dry bed-sheets of sand, and a glowing sky upset
where equally this shines bright, left here to peacefully dry

# Hogar

Nadie es originario de hogar.
El hogar es una pregunta envuelta
en otras preguntas,
se posee a destiempo, como toda palabra.
Nombrar hogar es camino recorrido
de sílabas unidas en cicatrices e historias.

Hay quienes cargan sus cosas,
toman aviones y sellan o no pasaportes.
Seguir la ruta contraria también es un destino.

¿El hogar se encuentra?
¿El hogar se sabe?

Nombrar los fragmentos en tiempo real,
en pedazos de urgencia se desdobla la huida.
No hay vista panorámica para el que huye.
Cada mañana pasar por un mismo tramo,
verlo desde el mismo ángulo.
Hacer rutinas da al viajero un sentido.
Acaso el hogar sea la rutina vista desde lejos.

# Home

*translation by* Manuel Romero

No one is native to home.
Home is a question wrapped
in other questions,
possessed out of time like every word.
To name home is a journey traced
in syllables stitched with scars and stories.

There are those who carry their things,
board planes, and stamp —or do not stamp— passports.
To follow the opposite route is also a destiny.

Is home something we find?
Is home something we know?

To name the fragments in real time,
in shards of urgency the flight unfolds.
There is no panoramic view for the one who flees.
Each morning, to cross the same stretch,
to see it from the same angle.
To build routines gives the traveler meaning.
Perhaps home is the routine seen from afar.

INGRID BRINGAS

# Del otro lado de la costa

Teníamos 25 años
tú tan alta y delgada, bombardeada por los rayos del sol
hermosa tú, respirando el canto de las aves
en una playa que suelo olvidar su nombre
donde decidías nadar profundo—para acompañar a un par de delfines
desnuda en la timidez de un sol que no te comprendía
en la dulzura de la fruta que abrazabas
en el beso de las buenas noches
del otro lado de la isla, tú tan cercana al canto de las ballenas
la fiel labor del beso
el aire despeinaba tus pelirrojos cabellos
la ceremonia del viento
y las olas eran azules como tus ojos
la radio de fondo—los cangrejos en la orilla de una habitación
que jóvenes éramos abrazando el agua
disfrutando el amor como una temporada de mangos.

# On the other side of the coast

*translation by* Don Cellini

We were 25 years old
you so tall and thin, bathed in sunlight
beautiful you, breathing in the birdsong
on a beach whose name I tend to forget
where you decided to swim deep—to accompany a pair of dolphins
naked in the shyness of a sun that did not understand you
in the sweetness of the fruit you embraced
in the goodnight kiss
on the other side of the island, you so close to the song of the whales
the faithful work of the kiss
the air ruffling your red hair
the ceremony of the wind
and the waves were blue like your eyes
the radio in the background—the crabs on the shore of a room
how young we were embracing the water
enjoying love like a season of mangoes.

Flora Calderón Ruiz

# Maritrinando. Melancolía
## con café y atardecer

La mansedumbre me persigue
caballo ciego en arenas movedizas
Voraz epifanía de los cuerpos agrestes aferrados a ser polvo.
Esta mordaz tarea del renegado que levanta su cosecha muerta.
La risa en una mano y la espada en la otra,
la mansedumbre de la bestia herida, que ya no busca
asirse a liana salvadora.

Deshilarse cada tarde, mantelito de manta sin remate.
Desteñirse al sol, deslavarse a fuerza en agua clorada.
Desentumirse para intentar volar.

Un colibrí me mira de frente, es nuevo,
no tiene zurcido el pico y sus colores son perfectos.
Ha llegado a mi casa y yo sin árboles,
sin flores. Sólo está aquí, contrariado.

Sobre el temblor de las hojas: en octubre
hay caminos de anís, árboles que brotan
de entre las rocas y la tierra seca
un lugar donde se está en paz.
El sol cae sobre la tierra y se hace violácea,
confunde, no pertenezco a estos quebrantos y baldíos.
Mi vida tenía higueras, un gato y el sueño amplio frondoso.

# Maritrinando. Melancholy with coffee and sunset

*translation by* Daniel R.C.R.

The meekness stalks me,
blind horse on quicksand.
Voracious epiphany rough body clings to dust.
Scathing shore for the renegade who reaps his own dead crops.
A grin in one hand, a sword in the other,
the meekness of a wounded beast that doesn't reach
nor cling to a saving vine.

To fray each afternoon, seamless little tablecloth.
To fade in the sun, scrubbed harshly through bleached water.
Numbness unfurls to try and fly.

A hummingbird stares at me. It's new;
there are no mends on its beak, its colors are perfect.
It has arrived at my house, and I, without trees,
without flowers. It's just here, disgruntled.

About the shiver of the leaves: in October.
here are roads made out of anise.
trees that grow amidst the rocks and the dry land.
an idyllic place.
The sun falls over the land; violaceous it becomes. It confuses.
I don't belong to this brokenness, to this heath.
My life had fig trees and a vast leafy dream.

Meritxell Calderón Vargas
# En caso de emergencia llamar a Leonor

Parto mi alma a la mitad en la sala donde aprendí a caminar,

mis recuerdos llenos de dolor en plena revuelta,

se me cierran los pulmones porque ya no tenía sentido respirar.

Tomo entre mis manos la libretita de teléfonos de mi abuela buscando respuestas;

la primer hoja de la libretita de María decía:

En caso de emergencia llamar a Leonor, así, con su letra cursiva horrorosa.

¿A quién podía llamar yo cuando en mi propia casa habitaba el payaso de la alcantarilla?

## In case of emergency call Leonor

*translation by the author*

I cut my soul in half in the living room where I learned how to walk,

my memories full of pain in a revolt,

my lungs close because there was no point in breathing.

I take between my hands my grandma's little phone book looking for answers;

the first sheet of María´s little book said:

In case of emergency call Leonor, with her awful writing.

Who could I call when the clown in the gutter lives in my own house?

CARMEN CAMPUZANO

# Postales de Tijuana

### I

La gota de cemento cae sobre un árbol del Parque Teniente Guerrero,
lo cubre de gris al instante, se petrifican sus hojas, ramas y tronco,
las raíces crujen bajo la tierra.
¡Ha muerto un árbol de espanto ante tanto edificio que tapa el cielo!
Las palomas desconcertadas se esconden bajo las bancas,
los niños las buscan para darles sus migajas,
ellas las aceptan porque hablan el mismo lenguaje.
No son hipócritas, ni codiciosos, no quieren apropiarse de terrenos,
ni despojar a nadie de su patrimonio.
Se conforman con los columpios y pasto en donde rodar,
aunque les pique en las rodillas.
Anhelan un globo, saborear el algodón de azúcar y ríen.
La jauría de patrullas atraviesa la calle aullando en altavoces,
pero los niños ríen más fuerte.

### II

La mujer desnuda que habita el Parque baila en el kiosco,
es indigente, aunque aún no lo sabe, no ha perdido el gusto por la música.
El señor que bolea zapatos sube el volumen a su aparato para que ella
    goce.
Trae un collar de flores de papel que cubre parte de sus senos,
una señora le regala su chal para que se cubra el pubis.
La mujer agradece y sonríe, desde su propio mundo,
lo coloca con candor y la abraza en actitud de niña.
Ante el ataque de ternura inesperado, la señora, no sabe qué hacer
y le regala también el vaso de champurrado que trae en la mano.

# Postcards from Tijuana

*translation by* Cristina Márquez

### I

The drop of cement falls upon a tree in Teniente Guerrero Park,
covering it in gray in an instant, its leaves, branches and trunk get
    petrified,
the roots crackle beneath the earth.
A tree has died of fear in view of so many buildings covering up the sky!
The bewildered pigeons hide under the benches,
children look for them to offer their crumbs,
and the pigeons accept them, for they speak the same language.
They are neither hypocrites nor greedy, they do not wish to seize land
or strip anyone of their heritage.
They settle for swings and grass to roll on,
even if it itches their knees.
They long for a balloon, for the taste of cotton candy and they laugh.
The pack of patrol cars crosses the street howling through their
    loudspeakers,
but the children's laughter is louder.

### II

The naked woman that lives in the Park dances in the gazebo,
she is homeless, though she does not know it yet, she hasn't lost her love
    of music.
The man polishing shoes turns up the volume from his device so she can
    enjoy it.
She wears a necklace of paper flowers covering part of her breasts,
a lady offers her her shawl so she may cover her pubis.
The woman thanks and smiles, from a world of her own,
she puts it on with candor and hugs her with a childlike gesture.
Faced with this unexpected outburst of tenderness,
the lady, does not know what to do,
so she also gives her the cup of *champurrado* she holds in her hand.

# Padre

Gracias por escucharme
No sé cómo hablar, cómo llamarte
pero comienzo

Líbrame
de toda asertividad
de la metáfora vanidosa
de todo discurso preclaro, inteligente
de tener razón
de tener
No dejes que pretensión alguna sea
el filo que seduzca, el agua
del cuenco donde beba Libre
a mis palabras de toda intención
que no sea escucharte
En mí sea
la fragilidad de la madera viva
graciosa danza que no muere
ante la mirada fija
del huracán
Que mi cuerpo sea carne de niño
mis huesos el todopoderoso cartílago
que no se rompe
que sabe
del infinito poder en la Debilidad
que triunfará en mí
sobre la fuerza que habrá de consumirme

# Father

*translation by* Jennifer Rathbun

Thank you for listening to me
I don't know how to say this, address you
but I'll begin

Free me
from all assertiveness
from the vain metaphor
from all illustrious, intelligent discourse
from having a point
from having
Don't let any ambition be
the blade that seduces, water
from the cup where I drink Free
my words from all intention
that isn't listening to you
In me may
wood's fragility live
gracious dance that doesn't die
facing the hurricane's
fixed gaze
May my body be the flesh of a child
my bones the all-knowing cartilage
that doesn't break
that knows
the infinite power of Weakness
that will triumph in me
over the force that will consume me

NANCY W. DE HONORES

# Estrujando historias

Ahora voy a estrujar historias,
las escurriré con fuerza hasta dejarlas secas.
Contaré el cuento del cuervo, los loros de colores,
y el papagayo azul jacinto.
Voy a escribir una tonada para las penas y alegrías
del tercer milenio.

Tengo mucho que contar de mi país, del que dejé,
de los países que nos rodean, y de los que están lejos.
No sé por donde empezar. Es un comienzo.
Voy a re- contar la historia de Andrómeda y Perseo.
No quiero buscar amor, porque en los tiempos
del COVID es ambiguo.
Tengo dudas de encontrar tesoros en mi iglesia;
solo veo algo que reluce, brilla, y oropel
sobre oscuros sentimientos.

Voy a utilizar mi nueva CP IA
para escribir una "frasecita Chatbot."
No estoy segura si cuando escriba cuentos
de Superman, Batman, o Aquaman y los llame
en mi iPhone, me contesten.

Contaré cuentos de SpaceX, EVs, Neuralink,
y enviaré un texto por X a Elon Musk.
Su respuesta llegará
veloz,
en la realidad virtual.

# Wringing stories

*translation by the author*

Today I will squeeze stories.
I will wring them in and out until they are dry.
I will tell the tale of the raven, the parrots,
and the Hyacinth Macaw.
I will write a text for a melody of joy and sorrow
in the third millennium.

I have much to tell of this country of mine, the one I left,
the nations around us, and the ones afar.
I'm not sure where to start. It's a beginning.
I'll retell the tale of Perseus and Andromeda.
I will not search for love,
for in the times of COVID it is ambiguous.
I ignore if I can find a treasure in my church.
I can only see much glitz, tinsel,
and shiny glitter over obscure feelings.

I will use my new AI PC
to get a chatbot's statement.
I'm unsure if, when I summon Batman,
Superman, and Aquaman they will answer.

Still, I'll tell stories of Space-X, EVs, and Neuralink
and send an X-text to Elon Musk.
Surely he'll respond
fast,
in,
in virtual reality.

CARLOS DOMENZAIN

# Nebulosa de Fermat

Comienza con un punto después línea después superficie y volumen
tiempo después cinco seis hasta inflarse en dimensiones que superan
la decena en proporción Aleph subíndice ene
Intranquilos los gatos comen la hierba geométrica que aprendí en primaria
muerden la exigencia de signos iglesia fabricada con razones
descubiertas por un cuerpo tirado al mar—*cuentan*—Hipaso expulsado
al Mediterráneo alcohólico porque está prohibido revelar el misterio
divino categoría troceada en conjeturas y su resolución medida en siglos o en
el crujir de los corchetes masticados por los gatos y su OhEsTi—*efecto Doppler
para llorar hojas de otoño trazadas por Klimt*—muerde
la chicharra el dolor de estómago por haber cenado tantas especies
dormir o mejor tirar dados con el insomnio
La frase latina escrita en el margen donde no cabe una explicación bella
    imaginada
hermosa esto quiere decir completa demostración en rigor extensiva a la sopa de
    microondas
límite observable desplazado hacia los números que forman astillas en la corona
    de cualquier sol.

Cuando niño jamás me explicaron la técnica para dibujar una sección
de tráquea sobre galaxias extintas la luz observada llega tarde
mientras el insomnio ya ha ganado algunas partidas mientras hay discos de oro
    flotando por
ahí queriendo disparar al núcleo erróneo—*supuesto*—en la paradoja de Fermi
más juegos ganados porque el número que obtiene es más grande que el mío
siempre como la constante de Hubble siempre tendiendo al crecimiento
    exagerado
distancias mayores al zigzag cantoriano reducido al absurdo
En la última década del siglo pasado el británico demostró tangencialmente que
    la suma de
dos valores elevados a la misma potencia esquizofrénica es diferente a un tercero
    izado a
igual alucinación como las ondas que escucho después de perder tantas veces
    contra el
insomnio desplazadas hacia la fermata sostenida en cúmulos de estrellas y la
    prolongación
de su gravedad en cuña donde se acurrucan los secretos derivados de la función
    inicial.

# Fermat's Nebula

*translation by* Yara Patiño and Carlos Magaña Renoud

Start with a point then a line then a surface and finally a volume
time later five six 'til swollen in dimensions that exceed
the ten in proportion Aleph subscript $n$
restless cats eat the geometric grass I learned about in grade school
biting the demand of signs church built on reasons
uncovered by a sea-thrown body—*they say*—Hippasus expelled
to the alcoholic Mediterranean because it is forbidden to reveal the godly
mystery divine category chunked into conjectures their resolution measured in
    centuries
or in the creaking of square brackets chewed by cats and their OhEsTee—
*Doppler effect to spill autumn leaves painted by Klimt*— bitten
by a cicada the stomach pain consequence from eating so many spices for dinner
and then sleep or better roll the dice with insomnia
The Latin phrase written in the margin where there is no room for a lovely
    imagined explanation
beautiful this means a rounded demonstration in rigor extensive to the soup of
    microwave
an observable limit shifted to numeric splinters crowning the aura of any sun.

As a kid they never explained to me the technique of sketching
a section of a trachea over galaxies extinct and the light observed and its last-
    minute arrival
while insomnia has won a few matches whilst there are golden records floating
    about
there wanting to shoot at the wrong nucleus—*allegedly*—in the Fermi equation
and more successful games because the number obtained is greater than mine
always as the Hubble's constant always leaning towards hyperbolic growth
longer distances than Cantor's zigzag amplified to absurdity
In last century's decade the Brit tangentially demonstrated that the sum of
two values taken to the same schizophrenic power differs from a third one hoisted
    to the
same hallucination as the soundwaves I hear after losing so many times against
insomnia displaced to the hanging fermata in stellar clusters and the lengthening
    of its
wedgy gravity where the secrets derived from the initial function got to snuggle.

# Sanar

*para mi abuela,* Alicia Mercedes Sofía León y León (1934-2023)

I
Suelta.
Solo deja
que fluya
nueva energía.

Personas que añadan.
Personas sinceras.
Bienvenida la luz.
Suelta.

II
Al sentarme,
hago espacio.
Merezco la calma.

Hay sol.
Todo está bien.

Completa, lo SOY.
SOY paz.

III
Sonrío.
Habito un cuerpo
verde como las hojas.
Estoy en paz.

¡Maravilla!
Sentarme,
en la postura de loto…
Girar el cuello,
de un hombro al otro.

Encontrar la libertad,
buceo al fondo de mi ser…
Estiro la espalda,
disfruto del silencio.
Lo divino

Estar viva es magia.
Sonrío.

# On Healing

*translation by the author*

*for my grandmother,* Alicia Mercedes Sofía León y León (1934-2023)

I
Let go.
Only let
new energy
flow.

People who add.
People who care.
Welcome light.

Let go.

II
Sitting down,
I make space.
I deserve to be calm.

The sun is out.
Everything is okay.

I AM complete.
I AM peace.

III
I smile.
Living in a body
as green as leaves.

I'm at peace.

In awe!
Sitting down,
in the lotus position…
To rotate my neck,
one shoulder to another.

Finding freedom,
diving inside the body…
Stretching my back,
enjoying the silence.
Divine.

Being alive is magic.
I smile.

IV
¿Cuándo fue la última vez
que sentiste tu corazón palpitar?
Lo sentí hoy.
Abrí los ojos,
sonreí.

V
Amarillo.
Inhalo profundo,
lo exhalo todo.
La libertad está aquí.
Ahora.

IV
When did you last feel
your heart beating?
I did today.
Opened my eyes,
Smiled.

V
Yellow
Inhale deeply
Exhale it all out
Freedom is here.
Now.

# Un árbol nunca muere

*Los árboles se alejan del bosque para morir a solas.*
*Un árbol viaja por medio de sus pájaros*
*y también viaja adentro*
*por medio de sus raíces.*

Hoy miré un árbol muerto.
¿O era un relámpago,
un resplandor de acacia,
una estría suspendida?

Estaba solo
aún en pie con su piel al descubierto
sin perder el equilibrio
sin caer.

No lloraba, como los sauces,
tampoco se lamentaba ante la inminencia
de su fin sobre la avenida.

Con ese espectro en el baldío
vinieron a mi mente
finitudes cercanas. Pensé:
"los árboles no mueren"
fueron sombra,
casa para el ave,
música de hojas, ramal de frutos,
escalada, columpio,
y un muro contra el viento.

Los árboles no mueren.
Sus brazos soban la corriente
que se vuelve tolvanera,
atrapan las palabras que fueron eco,
el polvo necio del desierto.

Los árboles no mueren.
Somos nosotros
los que perdemos la ruta,
el camino de raíces invertidas
que la tierra desveló.

# A tree never dies

*translation by* María Iliana Hernández Partida

*Trees hide from the forest to die alone.*
*A tree travels through its birds*
*and also travels inward*
*through its roots.*

Today I looked at a dead tree.
Or maybe was it lightning,
a flash of acacia tree,
a drifting interstice?

This tree was alone
still standing showing its open skin
in complete balance
holding still.

This tree didn´t cry like the willows,
nor show any petty before the menace
of his own end over the street.

By looking at this ghost in the wasteland
deep reflections came to mind
I thought:
"trees don´t die"
they were shadow,
house for birds,
leaf melody, fruit branch
hiking territory, swing,
and a wall against the wind.

Trees don´t die.
Their arms caresse the wild wind
that turns into dust clouds
trees trap words that became echo,
the desert´s stubborn dust.

Trees don´t die.
We are the ones
who lose the trail,
the inward roots inside our path
revealed by dust and dirt.

Una puede ser un árbol
y no morir en silencio,
secar los huesos al sol
estacionarse,
y decir a gritos: fui follaje
danza de ramas, corteza
de un paisaje triste.

One can be a tree
and not die in silence,
dry the bones under the sun
hold still,
and scream: I was once foliage
branch dance, tree bark
of a sad landscape.

# El Club de la Copia

En el mar de la infancia
anclaron el asombro.
Caminan con pasos
que fueron archivados
desde el siglo pasado.
Avanzan sin dejar huella,
sin un ápice de vértigo,
absortos en la contemplación
de lo ya caducado.

Se organizan para amarse
con la calma de un trámite burocrático.
Rellenan formularios
para pedir permiso a sus manos
de intercambiar caricias.
Esperan a que termine el noticiero
para amarse, con cautela,
y en la prudencia de su abrazo
reciclan sus posturas,
sus cortejos desgastados,
y con el licor rancio de sus besos
cancelan la aventura y el misterio.

Pasan a tu lado en silencio.
Bostezan a escondidas
para que no leas su inapetencia
ni denuncies su sopor.
Sabes de sobra que el futuro ya no es suyo,
y menos aún el presente,
plagado de rutinas y tedios ensayados.
Solo la tranquilidad
que brinda lo previsto
los conmueve.

Si bailan, solo lo hacen al son
de una *playlist* de baladas viejas.
Ensayan sonrisas frente al espejo
para que salgan idénticas.
Debaten con gravedad filosófica
qué serie deberían volver a ver
por quinta vez,
y aplauden la innovación
de cambiar de marca de papel higiénico.

# The Copy Club

*translation by the author*

In the sea of childhood
they anchored wonder.
They walk with steps
that were archived
since the last century.
They advance without leaving a trace,
without a hint of vertigo,
absorbed in contemplating
what has already expired.

They organize their love
with the calm of a bureaucratic procedure.
They fill out forms
to ask their hands for permission
to engage in foreplay.
They wait until the news is over
to make love, cautiously,
and in the prudence of their embrace
they recycle their positions,
their worn-out courtships,
and with the stale liquor of their kisses
they cancel adventure and mystery.

They pass you by in silence.
They yawn in secret
so you won't read their disinterest
or denounce their drowsiness.
You know well the future is no longer theirs,
much less the present,
plagued with routines and rehearsed *tedium*.
Only the comfort
of what's predictable
can still move them.

If they dance, it's only to the sound
of an old-ballad playlist.
They rehearse smiles in the mirror
to ensure they come out identically.
They debate with philosophical gravity
which series they should rewatch
for the fifth time,
and applaud the innovation
of switching toilet paper brands.

Recorren caminos seguros,
pisando sus propias huellas
para no perder el equilibrio.
El ayer les basta:
desean repetir hoy lo ya hecho,
convencidos de que la rutina
es el arte de gozar lo mismo.

Después del pastel de sus cumpleaños,
brindan con café descafeinado
por un año más
de copiar y pegar sus experiencias.
Su futuro es un *spoiler*,
y el presente, un *loop* vigorizado
por la fuerza de sus reiteraciones.

Cuando pasas junto a ellos
descubres que sus vivencias
son actos de segunda mano.
Entonces, respiras distinto
y, a lo lejos, intuyes
que lo nuevo ya nació
sin pedirles permiso.

They walk safe roads,
stepping on their own footprints
so as not to lose their balance.
Yesterday is enough for them:
they long to repeat today
what was already done,
convinced that routine
is the art of enjoying the same.

After the birthday cake,
they toast with decaf coffee
to another year
of copying-and-pasting their experiences.
Their future is a spoiler,
their present, a loop invigorated
by the power of their repetitions.

When you walk past them
you realize their lives
are second-hand acts.
Then you breathe differently,
and from afar, you sense
that the new has already been born
without asking their permission.

# Susurros

1

Comprendo que sufrías
no tanto de dolor como de angustia.
Los viajes largos producen ese efecto.
La liminalidad asombra, asusta,
desconcierta .

2

Entreabriste los ojos
y tu mirada ausente deambuló unos instantes
por la atmósfera grave de la habitación.
Acaricié tu rostro.
Te di con una esponja un poco de agua.
Tomé tus manos, padre, entre mis manos:
frágiles amarras,
anclas de humo contra la corriente
(o la bajamar).

3

Mi hermana se acercó a tu oído:
"No tengas miedo", te dijo en un susurro.
No tengas miedo, me repito a mí mismo.
Te prometemos el cielo, un comité de bienvenida,
un alegre reencuentro de familia…
Mi hermana y yo cruzamos las miradas:
cuatro pozos de pena.

# Whispers

*translation by the author*

1

I understand that you were suffering
not so much from pain as from anxiety.
Long journeys have that effect.
Liminality amazes, frightens,
confuses.

2

You half-opened your eyes
and your absent gaze wandered for a few moments
through the solemn atmosphere of the room.
I caressed your face.
I gave you a little water with a sponge.
I took your hands, father, in my hands:
fragile moorings,
smoke anchors against the current
(or the ebb tide).

3

My sister leaned close to your ear:
"Don't be afraid," she whispered.
Don't be afraid, I repeat to myself.
We promise you heaven, a welcoming committee,
a joyful family reunion...
My sister and I exchanged glances:
four wells of sorrow.

## Décima al abuelo

Como el agua cristalina,
es el amor del abuelo,
tan dulce como un buñuelo,
como una estrella marina.
Suele ser hada madrina,
que nos cubre con su manto,
su manto mitiga el llanto,
si la pena nos azota,
es amor que no se agota,
doble padre bueno y santo.

# Grandpa's love

*translation by* Olga García

Grandpa's love
like crystalline water is,
sweet as a *buñuelo,*
a sea star.
A fairy seems to be,
that embraces us with its mantle,
its mantle softens our crying
if sorrow comes upon us.
It is endless love
twice father, good and holy.

Pilar González España
# Quiero, debo, tengo que salir de aquí

Quiero, debo, tengo que salir de aquí. Salir pronto por la puerta de atrás de las palabras. Salir de esta jaula de aire construida con barrotes de aire. Salir de este espacio sincopado con el dolor. Salir de este cuerpo de aire que es mi cuerpo. Salir del aire. Salir pronto por la puerta de atrás de las palabras.

Decir "otro" y que el otro se revele. Decir "nube" y que la nube se suspenda en el cielo cargada de significados, decir "lluvia" y que la lluvia estalle.

Tengo que esforzarme en decir, en no parar de hablar para poder así acallar este latido incesante, para acallar eso otro que siempre quiere discutirme, y me cerca, me rodea, me crucifica, me apuntala en el vacío y sólo sangre, fijeza, estatismos paralelos.

Decir "palabra" para que ésta se abra como un fruto. Comer su nuez. Decir "agua" y que se me moje el alma como una esponja. Decir "ala" y desplegarme hacia la prisa del viento. Decir "amor" y que el amor encarne esculpido en el espacio. Decir "silencio", decir "decir", decir "nada", pero decir, decir, decir. . .

# I want, I should, I must leave here

*translation by* Alan Smith

I want, I should, I must leave here. Leave soon by the words' back door. Leave this cage of air constructed by bars of air. Leave this pain-syncopated space. Leave this air that is my air. Leave air. Leave soon by words' back door.

Say "another" and that another show. Say "cloud" and the cloud hangs in the sky heavy with meanings, say "rain" and rain begins to burst.

I need to make an effort to say, to not stop speaking so as to silence this incessant heart beat, to silence that otherness that always talks back to me, surrounds me, crucifies me, braces me to emptiness, and only blood, static, parallel stillness.

Say "word" so that it may open like a fruit. Eat its kernel. Say "water" and let my soul be wet like a sponge. Say "wing" and open to wind's hurry. Say "love" and let love take flesh carved in space. Say "silence", say "say", say "nothing", but say, say, say. . .

MÁRGARA GOYZUETA
## De rascacielos
      inundadas las nubes:
           enjambre urbano

Ciprés al cielo
      del horizonte gualdo
flama verdosa

Ruinas y cactus
      desamparada fe
      campana muda

*translation by the author*

# Clouds flooded
      with crystal towers:
                    urban swarm

Cypress aiming high
      from the golden horizon
blazing green

Ruins and cactus
      withered faith
        bell hung in silence

LUZ ARMIDA GUERRERO

# Habitación vacía

Un olor a ausencia
es mi habitación,
de paredes que atesoran
palabras mudas
que intento atrapar,
y se desvanecen como siluetas
en el aire.

La sed apremia,
y tus labios me humedecen
como rocío sobre la hierba:
bebo con ansias,
como de un manantial
en mi travesía por el desierto.

Pero me queda claro;
que eres solo un fantasma
en este cuarto vacío.

# Empty Room

*translation by the author*

My bedroom has the smell
of your absence,
the walls
are full of silent words;
I try to catch them,
but they fade away like silhouettes
in the air.

I get thirsty,
and your lips moisten mine
like dew upon grass:
I drink eagerly,
as from a spring
in my journey through the desert.

But now it's clear to me;
you are only a ghost
in this empty room.

# GABRIELA GUINEA-JOHNSTON

*para enriKetta luissi*

**Ayer me acerqué a tu paradigma**
encanto de un $\pi$ expresado
en poemas sobre primeras cifras
de un caudal irracional ilimitado

imaginé tus neuronas post-sinápticas
ávidas de asociaciones indirectas
descubriendo por observación poética
la física teórica aplicada

¿es obscura la noche en sí misma
o es que no podemos percibir su luz
ultravioleta e infrarroja?

la Física logra predecir
el frío comportamiento de la energía-materia
o fundamentos parciales de fenómenos naturales

pero no puede, como lo hace un verso,
lamentar la muerte del poeta
en manos del fascismo.

Pero la Física y su riguroso lenguaje matemático
sabe que la probabilidad de sus teorías es cero
frente a las posibles respuestas equivocadas

reconoce que hay tanto por descubrir
entre los restos fríos de estrellas antiguas
como de civilizaciones colapsadas por agotamiento

que al igual que los agujeros negros
que al chocar con estrellas de neutrones
provocan bucles en la tela del tiempo
un progreso retroceso nos va regresando a la barbarie.

Aunque todo sistema está sujeto a leyes que lo rigen
las de nuestro cerebro no están determinadas
por sus conexiones neuronales

huellas de oráculos, adivinos, filósofos y profetas
se integran a la masa gris de tejido suave

los magos aprovechan sus fallas de percepción
mientras neuronas carentes de atención plena
distorsionan, alucinan y fallan.

*for enriKetta luissi*   *translation by the author*

**Yesterday I approached your paradigm**
the enchantment of number π expressed
in poems about the first digits
of an irrational unlimited caudal

I imagined your post-synaptic neurons
avid of indirect associations
discovering by poetic observation
theoretical physics applied

is the night dark in itself
or we just can't perceive its light
infrared and ultraviolet?

Physics is able to predict
the cold behavior of energy-matter
or partial foundations of natural phenomena

but it can't, as a verse can,
mourn the poet's death
in fascism's hands.

Physics and it's rigorous mathematical language
know that the probability of its theories is zero
in face of all the possible wrong answers

it recognizes there's so much to discover
among the cold remains of ancient stars
as from civilizations that collapsed exhausted

that as black holes crashing against neutron stars
provoke curls in the textile of time
a regression progress is throwing us back to barbarie.

All systems are subject to laws that rule them
but our brains are not determined
by its neurological connections

imprints of oracles, seers, philosophers and prophets
are integrated to the gray mass of soft tissue

magicians take advantage of its perception flaws
while neurons lacking mindfulness
distort, hallucinate and fail.

Para ampliar su capacidad de observación
diste al Arte Poética
sensores, catalejos y microscopios

tu mente curiosa, creativa e intuitiva
plantea dudas y arroja posibilidades
con ecuaciones formuladas en poemas complejos

sabes que la Partícula de Dios (el Bosón de Higgs)
no tiene nada que ver con Dios
se refiere a una traducción equivocada
de "*Goddamn Particle*: Partícula Maldita Sea"

y que así como estrellas, planetas, nebulosas y galaxias
evolucionaron gracias al Caos
la bioluminiscencia de la luciérnaga
es una reacción química que no explica su belleza.

To increase its observation capacity
you gave Poetic Art
sensors, spyglasses and microscopes

your curious, creative and intuitive mind
presents doubts and throws possibilities
as equations drafted in complex poems

you know that God's Particle (the Higgs Bolson)
has nothing to do with God
but refers to a wrong translation
of "the Goddamn Particle: Particula Maldita Sea"

and that as stars, planets, nebulae, and galaxies
evolved thanks to the Chaos
the bioluminescence of the firefly
is a chemical reaction that doesn't explain its beauty.

ILIANA HERNÁNDEZ ARCE

# Si no eres una mujer libre

*para Daniela*

podría decirte que tomes una pluma y escribas una receta
con siete o diez pasos para que vuelva a circular tu sangre
o tomes *cymbalta* para saltar de alegría con un bostezo

no existe nadie     nadie más te confiere plusvalía

podrías pasar la vida en silencio     eclipsada por alguien
piensa     tu casa está en silencio como tu cuerpo
tus venas yacen extendidas sobre la mesa

con franqueza     no necesitas un amo     no morirás de adiós
morirás de transparencia     enterrada y viva mientras sonríes

*El amor sólo alcanza para dar tres vueltas a la manzana**

# If you're not a free woman

*translation by* Françoise Roy

*for Daniela*

I could tell you to pick up a pen and write a prescription
taking seven or ten steps to get your blood circulating again
or take c*ymbalta* to jump out of joy, yawning

no one exists no one else gives you any added value

you could spend your whole life in silence overshadowed by someone
think about it your house is as silent as your body
your veins lie spread out on the table

frankly you don't need a master you won't die of goodbye
you'll die of transparency buried and alive with a smile on your lips

*Love is only enough to walk around the block three times\**

ILIANA HERNÁNDEZ PARTIDA

## Soy Lázaro

Soy Lázaro
ando descarnada por la vida
        mis venas expuestas
                al correr de hormigas
                      a lamentaciones de monjas
Soy Lázaro
porque Dios me ha traído de la muerte tres veces:
primero me dejé morir acompañando a un gato recién nacido que maulló
exhausto de este mundo.

La segunda vez la muerte me llegó por la espalda
            con los brazos de mi amante
                    desfallecida no entendí
sus ojos vacíos de amor – mi voluntad a no despertar.

La tercera vez
        yací al lado de unos cardones con la piel quemada
           y las ropas deshechas
                unos ángeles me llevaron a cuestas hasta una cueva.

Soy Lázaro y les muestro las palmas de mis manos
llenas de palabras y gusanos
regresé de mi muerte
de esa noche eterna
en un eclipse malogrado.

Soy Lázaro y mi voz no tiene sonido
me desconozco ser humano.
A pesar de todas mis muertes, declaro:
no quiero beber su vino milagroso
ni reír con las multitudes ni recargar mi cabeza en tu regazo
quiero perderme y no responder a la inquietud
de los zopilotes que me siguen

quiero encontrar una sombra de mezquite
y dormir hasta que mis huesos se cubran
de otra piel, de otras razones como gotas
palabras suficientes para escribir
con mi dedo en la tierra
que regresé de mi muerte cuando el destino
desmoronó todo lo amado.

# I am Lazarus

*translation by* Marijose Padilla Hernández

I am Lazarus
I am stripped bare by life
      my veins exposed
           to the flow of ants
                to the mourning of nuns
I am Lazarus
because God has delivered me from death thrice:
First, I let myself die accompanied by a newborn cat that meowed
exhausted from this world.

The second time death embraced me from behind
        with my lover's arms
               weary, I did not understand
hir eyes empty of love—my will not to wake up.

The third time
        I lay next to cardons with my burned skin
            and my clothes torn
                angels carried me on their backs to a cave.

I am Lazarus and I bare my palms to you
filled with words and worms
I returned from my own death
from that eternal night
in a failed eclipse.

I am Lazarus and my voice is soundless
I no longer recognize myself as human.
Despite all my deaths, I manifest:
I do not want to drink your miraculous wine
nor laugh with the crowds, nor rest my head on your lap
I want to lose myself and not answer the restlessness
of the vultures that follow me

I want to find a mesquite tree's shadow
and sleep until my bones are covered
with another skin, with other reasons like drops
I want enough words to write
with my finger upon the soil
that I returned from my own death when fate
tore apart everything I loved.

## *Papalotl*

|  I | II |
|---|---|
| oigo aplausos de papel | I hear paper flapping |
| es mediodía | at midday |
| | |
| naranja y negro aletean | orange and black flutter |
| contra la ventana | against the window |
| | |
| la luz la misma | the light the same |
| en ambos lados | on either side |

*Papalotl*: significa mariposa en lengua Náhuatl.
*Papalotl*: means butterfly in the Náhuatl language.

# *Papalotl*

*translation by the author*

|  II | I |
|---|---|
| I hear paper flapping | oigo aplausos de papel |
| at midday | es mediodía |
|  |  |
| orange and black flutter | naranja y negro aletean |
| against the window | contra la ventana |
|  |  |
| the light the same | la luz la misma |
| on either side | en ambos lados |

*Papalotl*: means butterfly in the Náhuatl language.
*Papalotl*: significa mariposa en lengua Náhuatl.

# Alabanza

        [El poema es]
    el miedo que nos da recordar
      lo que hemos descubierto
    jugando entre las piedras

 recibir llamadas desconocidas
    no preguntar *¿quién es?*
      cuando tocan la puerta

    esperar visitas de toda especie

 guardar el secreto en los ojos
      guardar ahí
  a quien se despide de ti:
seres        que viven
   en los lagrimales

lo que odiaste de alguien más
y ahora te invade
tanto como    algo que hace falta

*no cualquier transeúnte notaría*
la ausencia
en nuestra sonrisa

                  [el poema es]
                  esa estela también
                  la prueba fehaciente
                  de lo que
                  nos toca
                  aunque extraviamos
                  las cosas.

una vida construída
    en la escalera de emergencia,
        la posibilidad de crear puentes,
            la decisión de estar aquí
            y no ser alguien que se esconde

en el buzón
de su propia puerta

# Eulogy

*translation by the author*

                    [The poem is]
                 the fear to remember
                what we discovered
          playing among the stones

                 receiving calls from strangers
                    not asking *who is it?*
            when they knock on the door

          to expect visitors of all kinds

             keeping the secret in your eyes
                  save there
          those who say goodbye:
     beings                 who live
             in the tear ducts

what you hated about someone
and now invades you
as much as something    that is      missing

*not just any passerby would notice*
the absence
in our smile

                                     [the poem is]
                                    that wake too
                                    the strong evidence
                                    of what
                                    befalls us
                                    even though we lose
                                    things

a life built
     on the fire escape
          the chance to build bridges,
                         the decision to be here
                  and not be someone who hides

in the mailbox of
their own door

en el fondo [El poema]
se escribe           se encarna
en las uñas
y queda
la sensación de que siempre hay
algo que
no estás entendiendo.

deep down [The poem]
is written             embodied
in the fingernails
and there remains
the feeling that
there's always something
you are not understanding.

# Desesperanza

Pasan los días, los meses y los años.
Dedos ansiosos
revisan las hojas de los diarios,
pero la historia
se extravió
en intrincados laberintos,
muchos empiezan a creer
–que, esta vez–
logró devorarla el minotauro.

# Hopelessness

*translation by* Aída Teresa López del Valle

The days, the months, the years go by
Anxious fingers
Run through the pages of newspapers,
But history has gone missing
In intricate mazes,
Many start to believe that
—this time—
The Minotaur was able to devour it.

## *Drip Drip Drip*

----------------------------------------en toda caldera existe un elemento
siniestro---------------------------------------------------escapularios espuman
zopilotes-------------------------------polímeros colapsan alas de ángeles----
---------------allí arterias   coágulos   números irracionales--------------allí
el túrgido miembro (héroe de las hordas) oscila ominoso-------------------
------------------------------------------------------------------------------------
-----------------------------------------------------------------*drip drip drip*
------------------------------------------------------------------------------------
-----------------------------------------¡cuántas veces la madre jugó a ser
hija!--------------------------------------¡cuántas veces gallinas y muñecas
en el mismo caldo!------------------------------------------------------------
¡cuántas veces en el mismo caldo el nerviosismo de neutrinos!-------------
-------------------------------en toda caldera existe un elemento----------------
un elemento------------------donde---------sangre en sangre
fosforece--------------------------------------------------------------*drip drip
drip*---------------------------------------------------------------------------
------------------------------------Iván el Terrible a los tres
era Zar---------------------*in God we Trust*---------------------*in God*----*in---
God we   we     we
Trust*---------------------------------------------------------------------------
---------------------------------------basta de recitar con *brassiere* ajustado
la *Principia Mathematica* en coordenadas cartesianas-----------------------
-------------------------------------------------------------------- Huitzilopochtli
nace armado y desmiembra a su hermana------------------------------------
------------------------------------------------------------------------------------
                        Iván tenía ocho cuando envenenaron a su madre---------
------------------------------------------------------------------------------------
--------------------------------las hordas modernas muelen ratas en máquina
de Turing----------en las vías del Metro su pelaje: jalea de vísceras---------
-----------------------------------------------------------------*drip drip drip*---
sweetie------------------el Paraíso florece con números primos---------------
---------------------------------*Oh yes in God we trust*---------------------
-------------------------*drip*-------------------------*drip*---------------------*drip*
----------------------yo-esqueleto-de-vidrio---------------------------------------
----------------------yo en la décima dimensión-----------------------------------
-------yo tierra baldía cercada por *radium polonium uranium*-----------*drip*

## *Drip Drip Drip*

*translation by* Olga García

----------------------------------------------a sinister element exists in every chauldron----------------------------------------------------------scapulars skim buzzards----------------------------polymers collapse angels wings----------- -------------- there   arteries   clots    irrational numbers----------------there the turgid ominous member (hero of the hordes) oscillates------------------ ------------------------------------------------------------------------------------ ---------------------------------------------------------------------drip drip drip ------------------------------------------------------------------------------------ ---------------------------------------------how many times the mother played a daughter's role!-----------------------------how many times hens and dolls in the same broth!----------------------------------------------------------------- how many times in the same broth the nervousness of a neutrino!---------- ------------------------------in every chauldron exists an element--------------- an element ------------------where ---------blood over blood phosphoresces-----------------------------------------------------------drip drip drip----------------------------------------------------------------------------------- ----------------------------------Ivan the Terrible at three--------------------- became Czar--------------------in God we Trust----------------in God----in--- God we  we  we Trust---------------------------------------------------------------------------- -----------------------------------------------------enough of reciting with a tight bra Principia Mathematica in Cartesian coordinates------------------------- ------------------------------------------------------------------Huitzilopochtli is born armed and dismembers her sister--------------------------------------- ------------------------------------------------------------------------------------ -----------------------Ivan was eight when her mother was poisoned---------- ------------------------------------------------------------------------------------ -------------------------------modern hordes grind rats in a Turing machine--- --------the Metro's tracks are covered with rat guts turned into jelly-------- ------------------------------------  ---------------------------------drip drip drip-- sweetie------------------Paradise flourishes with prime numbers------------- ---------------------------------------Oh yes in God we trust-------------------- ----------------------------drip--------------------------drip----------------------drip ----------------------I-a-glass-skeleton------------------------------------------- ---------------------- in the tenth dimension-------------------------------------- --------I, wasteland fenced by radium polonium uranium----------------drip

## Miriam Damaris Mardivino
# Jevo No Sabo

A mi jevo le dicen *No sabo*. Quizás porque su madre le tejió águilas en la garganta para que el desierto no se lo comiera y escupiera *English* si le preguntaban. El jevo me dice *Te amo* en español, él sabe que se ama en este idioma, columpia mis sombras en cordel donde nos destendemos y me invita a un *good trip together*, nunca *badtrip* un cotidiano *code-switching* de un idioma de Mucho *Sí sabo*. Mi jevo *Sí sabo* que tenemos la ciudad debaldia nuestros bares y un poquito de melao en nuestras copas sacude cáscaras de china rescatando memorias en un *Old fashion drink*. Yo desenredo mis historias en el bohío de su pecho, dormitamos en un coquí mientras le decimos a Google que también nos unte Vicks. Mi jevo zarandea coquito y enchiladas. Nos decimos *as you wish* mientras se abren 20 *conversations tabs,* del salón a la cocina se nos resbala el *language,* de Montrose a River Oaks, de Santurce a Bayamón, de San Marcos a la frontera. Mi jevo desborda ganas, intentos de seguir cruzando tierras como cuerpos.

# Jevo No Sabo

*translation by* Rossy Lima Padilla

They call my boyfriend *No Sabo*. Maybe because his mother wove eagles into his throat so the desert wouldn't swallow him up and he could spit out English if asked. My *jevo* tells me he loves me in Spanish, he knows that one loves in that language. He swings my shadows on a clothesline where we unwind and invites me to a good trip together, never a badtrip—a daily code-switching in a language of *Mucho Sí Sabo*. My *jevo* Yes Sabo knows we have the city of our bars and a bit of syrup in our glasses, shaking off orange peels, rescuing memories in an Old Fashioned drink. I unravel my stories in the *bohío* of his chest, we nap to the sound of a *coquí* while we tell Google to also spread Vicks on us. My *jevo* shakes *coquito* and *enchiladas*. We say as you wish while opening 20 conversation tabs, from the living room to the kitchen our language slips, from Montrose to River Oaks, from Santurce to Bayamón, from San Marcos to the border. My *jevo* brims with desires, attempts forever seeking to traverse lands as if they were flesh.

# La línea que nos une

La línea que nos une
son las marcas en las palmas
de nuestras manos.

La línea que nos une
son espirales
que construyen nuestra genética:
tan cercanos y 0.1% únicos.

La línea que nos une
son las venas
que impulsan nuestros sueños,
son las redes neuronales
que conectan nuestros pensamientos.

La línea que nos une
es el camino donde los pasos se cruzan,
huellas en la tierra,
huellas en la arena.

La línea que nos une
es el trayecto del tren
con destino al norte.

La línea que nos une
es el metal que divide entornos naturales,
es la balsa que atraviesa el río.

La línea que nos une
ilumina senderos
en la penumbra.

La línea que nos une
es el cierre que guarda esperanzas
en una mochila,
o el hilo que sostiene ilusiones
en un papalote.

# The line that unites us

*translation* by Gabriela García

The line that unites us
are the marks on the palms
of our hands.

The line that unites us
are spirals
that build our genetics:
so close and 0.1% unique.

The line that unites us
are the veins
that drive our dreams,
are the neural networks
that connect our thoughts.

The line that unites us
is the path where steps intersect,
footprints in the earth,
footprints in the sand.

The line that unites us
is the train's journey
to the north.

The line that unites us
is the metal that divides natural environments,
it is the raft that crosses the river.

The line that unites us
illuminates paths
in the darkness.

The line that unites us
is the zipper that holds hope
in a backpack,
or the thread that holds dreams
as a kite.

# Natura

Un río de aguas dóciles se desliza por la dermis, flores azules dejan a su
 paso.
Su constante fluir deja en mí una lengua de árboles ancestros que dictan
 palabras tenues,
cánticos de hojas danzarinas sobre vientos otoñales
¿A dónde irán estas palabras cuando el invierno pase?
¿Se conservarán en una cajonera blanca o un buró nocturno para ser
 leídas?
Las vocales incendian la boca seca, del paladar surgen versos, grano a
 grano
arenas movedizas llenan los momentos silenciosos del alba.
Los días se desbandan como aves en su primera temporada de verano,
reconociendo el campo joven por el que han de volar hasta que la muerte
sobrecoja sus alas y las precipite al vuelo eterno del espacio.
Contemplo los jardines con el canto destilado de niños jugando, gritando,
pienso que podría dejar de sentir por un segundo el aire en mis pulmones
para volver a la infancia y guardar eterno el aroma de higos y girasoles.
Percibo el temblor de las ramas del abeto viejo que vigila a lo lejos
mientras su sonido de luz canta y las cometas vuelan cuál abejas
al susurro de Ella Fitzgerald.
Me he hundido en el silencio de las piedras; se me ha revelado el
verdadero nombre.
He comprendido el dialecto de los pájaros que me llaman cordillera,
bosque, manglar y montaña. En cada amanecer duelen los silencios de
Dios sobre las plumas.
Me hago ovillo cuando el roce del viento destila las palabras que fluyen
 sobre los poros.
Durante el otoño hay una vela encendida en los ojos de quien aún
pregunta de qué va la existencia. Hace lustros dejé de preguntar.
Mi cuerpo habla y escribe. Una luz permanece espabilada en mi lengua.
Estoy hecha de verdor y vocablos nuevos. Estoy hecha de palabras que se
anidaron en las ausencias Estoy hecha de un idioma que ya nadie
quiere hablar. Estoy hecha de un idioma que nadie quiere entender.
Mi corazón está hecho de corteza de árboles y millones de pájaros
extintos vuelan alrededor de él.

# Nature

*translation by* Richard Reitsma

A river of gentle waters glides over my skin, leaving blue flowers in its wake.
Its constant flow leaves within me a language of ancient trees that utter faint words,
songs of dancing leaves on autumn winds.
Where will these words go when winter passes?
Will they be preserved in a white chest or on a nightstand to be read?
Vowels set my dry mouth ablaze, verses arise from the palate, grain by grain
quicksand fills the silent moments of dawn.
The days scatter like birds in their first summer season, recognizing the young fields
through which they must fly until death overtakes their wings sending them aloft
into the eternal flight of space
I contemplate the gardens with the distilled song of children playing, shouting,
I think I could stop feeling the air in my lungs for a second
to return to my childhood and eternally cherish the scent of figs and sunflowers.
I perceive the trembling of the branches of the old fir tree that watches in the distance
while its light sings and the kites fly like bees to the whisper of Ella Fitzgerald.
I have sunk into the silence of the stones; my true name has been revealed to me.
I have understood the dialect of the birds that call me mountain range,
forest, mangrove and mountain. At each dawn, God's silences ache on my feathers.
I curl up when the touch of the wind distills the words that flow over my pores.
During the autumn, there is a candle lit in the eyes of those who still ask
what existence is about. I stopped asking decades ago.
My body speaks and writes. A light remains awake on my tongue.
I am made of greenery and new words. I am made of words that nestled in absences.
I am made of a language that no one wants to speak anymore. I am made of a language
that no one wants to understand.
My heart is made of tree bark, and millions of extinct birds fly around it.

**Un día del 2003**
supe de las muertas de Juárez:
lloré toda la tarde
lloré hasta el poema
como si mi sangre y mi carne
como si mis hijas o hermanas
como si mi amiga o mi madre.
Llena de rabia, lloré
hasta las letras.

Casi 20 años después, lo sé:
en este mundo, la justicia
no nació para nosotras
     el miedo sí.

*translation by the author*

**One day in 2003**
I learned about the dead women of Juárez:
I cried all afternoon,
I cried until the poem,
as if my blood and my flesh,
as if my daughters or sisters,
as if my friend or my mother.
Filled with rage, I cried
until the letters.

Almost 20 years later, I know:
in this world, justice
was not born for us
      but fear was.

# En mi extremo Oriente

Amanecí como el jarrito de nuestra alacena
fresco
vacío
esperando a que tus ojos me encuentren cuando buscas cómo ser feliz
          listo para tus labios
     listo para las novedades que salgan de tu sonrisa
     listo para ser la felicidad de tu día cuando me llenes con tu primer café
     listo para que me tomes entre tus manos
     listo para que mi vacío se llene de tu voz, de tus historias, de tu risa y de tu llanto
     listo, sobre todo, para guardar nuestras lágrimas
Sin ese jarrito que tus ojos buscan cada mañana
no tendría sentido nuestra cocina
no tendrían sentido nuestras lágrimas
no tendría sentido yo

# Far East of Me

*translation by the author*

I woke up this morning like the little clay pitcher in our kitchen cupboard
cool
feeling the void
waiting for your eyes to find me when you look how to be happy
                ready for your lips
     ready for the chatting getting out through your smile
     ready to be the happiness of your day when you fill me with your
first morning coffee
     ready for you to take me between your hands
     ready for my void to be filled with your voice, your stories, your
laughter, and your crying
     ready, above all, to keep our tears
without that little clay pitcher that your eyes look for each morning
our kitchen would be meaningless
our tears would be meaningless
I would be meaningless

JAVIER NORAMBUENA

# Un frontispicio acuático

   1.

usted
tomará
el metro caminar
taxi o autobús
avión bicicleta
triciclo, automóvil en
modelo a escoger
según sea
un caso, único
usted
hable bien&decir&esta la ciudad
estancia o temporada
de safari, los animales domésticos
son la primera extranjería
circunvalante al pesebre
                    usted
habla desto
recostado laxo
horizontal al vacío
                    usted
conciba el afuera
en la ciudad perdiendo
la vista o
los ojos, elija
                    usted
hable no más
de cuando escampa
la vida

   2.

el acto no es rima
la rima no entra en el acta
la risa, menos evapora
tal una mosca a cacería felina
tal un tartamudo al silencio
tales los tules
aguando semblantes

# An Aquatic *Façade*

*translation by* Olga García

   1.

you will
take
the metro walk
taxi or bus
plane bicycle
model to choose
depending
on the case, unique,
speak well&say&this city
a stay or safari
season, domestic animals
are the first aliens
circumvalent to the manger

                      you

talk *'bout* this
lying down relaxed
horizontal to the void

                      you

conceive the outside
in the city losing
your eyesight or
the eyes, choose

                      you

speak no more
of when
life
clears up

   2.

the act is not a rhyme
the rhyme is not on file
laughter, fades less
such as a fly in a feline hunt
such as a stutterer to silence
such as the veils
watering faces

3.

hablan las palabras a las letras
lo hablado ya se dijo, refrito
huelgan los dialectos de sus hablantes
huelga de los hablantes en sus dialectos
huelga disimétrica

4.

es la era lo que no era
es lo que era un real
esa pausa mira lo irreductible
cuando el rictus
no airea, así
no dice ni
mu

   3.

words speak to letters
the spoken has been said, refried
dialects relax of their speakers
speakers relax in their dialects
dissymmetric relaxation

   4.

is the era what wasn't
is what real was
that pause looks at the irreducible
when the *rictus*
stops airing, then
not even a moo
is heard

**Sin medias tintas**
tomamos las calles
y desde la calle saltamos
a los vacíos:

de la realidad
a las realidades imaginadas
a las otras
y las ajenas.

Desafanados
se acercan

nos pasan
nos siguen
recatados deseos
y ojos murmurantes.

Las piernas se alejan
escapando de prisa
la revelación comprometida.
Incandescentes

se giran los cuerpos

pretendiendo reflejar
minúsculamente

semejante descarga.

Nos gustan los retos,
crear nuestras verdades.

*translation by the author*

**No half measures**
we take the streets
and from the street we jump
to the voids:

from reality
to the imagined realities
to the others
and those of others.

Carefree
they get closer

they pass us
they follow us
demure desires
and murmuring eyes.

Legs get away
escaping rapidly
the compromised revelation.
Incandescent

bodies turn

intending to reflect
minisculely

such discharge.

We like challenges,
to create our truths.

YARA PATIÑO ESTÉVEZ
# Todavía no tenemos una teoría semejante

Unos años después también me fui.
Todo olía distinto.
Regresé a las pezuñas de vaca, a las flores moradas y a la muerte o el fin
de uno de esos experimentos que,
luego,
descubrimos que aún tenía funciones.

Ya no había tantos escarabajos ni nada
de esas membranas.
Encontré que alguien reproducía
escarabajos metálicos de muchos colores.
Estuvo en la guerra de Serbia
y ahora vive en Alemania.
Escuchó disparos a su alrededor en una calle
donde habían colgado sábanas para confundir
francotiradores y él cruzaba.
Vio, en una torre,
sesos y pelo en las paredes.
Tenía que pagarse la escuela de artes filmando y ahora
reproduce especies distintas de escarabajos
que toman diez generaciones para lograr
los colores
metálicos
y el gusto.

El miedo es fácil.
El clima ya no es el mismo.
Ahora viaja por Irán
"Hay especies ahí que necesito".

En realidad
los algoritmos
por sí mismos
nunca
comprueban la verdad.

# And yet, we still don't have such a theory

*translation by the author*

A few years later, I also quit.
Everything smelled different.
I returned to cow hooves, purple flowers, and death or the ending
of one of those experiments that,
then,
we discovered it was still useful.

There weren't so many beetles anymore, or anything else
of those membranes.
I found someone working on
the reproduction of metallic Coleoptera with tons of colors.
He was in the Serbian war
and now lives in Germany.
He heard gunshots all around the street
where people had hung sheets to confuse
snipers, and he crossed.
He saw, within a tower,
brains and hair all over the walls.
He had to pay for the art school by filming, and now
reproduces different species of beetles
that take 10 generations to reach
the metallic
colors
and the taste.

Fear is easy.
The weather has changed.
Now he's traveling through Iran
"There I found the species I need."

Actually
algorithms
all by themselves
never
verify the truth.

MAJO RAMÍREZ-JIMÉNEZ
# Las semillas del telar

Somos mucho más que lo que duele,
me advertiste.
Pero mis heridas son luces parpadeantes,
signos que indican el camino
por donde todo se rompió.
Y yo detesto esa responsabilidad:
la de reparar un desastre
               que no es del todo mío;
porque viene de muy lejos
            de un tiempo primigenio
              de cuando yo era un pequeño animal
                      que apenas llegaba al mundo.
Estoy cansada de llevar a cuestas los escombros
de un hogar que no destruí yo,
y sé bien que hoy, ahora,
de mí depende el techo
              la cama
              el abrigo que es refugio
              el abrazo nocturno
               y el beso de buenos días.
Pero no tienes que hacerlo todo sola,
me dijiste,
déjame sostenerte. Ser nido,
tejido suave de cuidado,
y acariciaste mis grietas
con la dulzura de una gacela.
Ya no busques culpables,
decías,
encontrémonos en nuestras raíces
para que en cada herida
hallemos las semillas de este telar.
Hoy te digo,
gracias por recordarme
que no fui la autora del incendio
y que puedo elegir dónde florecer después del fuego.

Tienes razón,
tal vez no sólo somos nuestras cicatrices,
sino todo el amor que las sanó.

# Seeds of the Loom

*translation by the author*

We are more than what aches,
you warned me.
Yet my wounds are small, flickering lights,
signals pointing back
to the place where everything shattered.
And I despise that responsibility:
the duty of mending
                a ruin not entirely mine,
carried across ages,
              from some first dawn,
              from when I was a tender creature
                          just arriving into the world.
I am weary of hauling the rubble
of a home I did not destroy
and I know well that today, right now,
it depends on me—
                      the roof,
                      the bed,
                      the sheltering cloak,
                      the nighttime embrace,
                      and the morning kiss.
But you don't have to do it all alone,
you told me,
let me hold you. Let me be a nest,
a soft weave of caring,
and you caressed my cracks
with the gentleness of a gazelle.
Stop searching for culprits,
you said,
let us meet within our roots
so that in every wound
we may find the seeds of this loom.
Today I tell you,
thank you for reminding me
that I was not the author of the fire
and that I can choose where to bloom after the flames.

You were right,
perhaps we are not only our scars,
but also all the love that healed them.

# Hambre

Siempre estoy hambrienta
entra por mi boca el deseo insatisfecho
comer, dormir, anidar en otros cuerpos.

La necesidad ancestral
por saborearlo todo
mecerlo entre mi lengua
triturarlo en el choque molar
un apetito caníbal de mis propios sueños.

La voracidad de mi saliva deshace el veneno
que cae por el precipicio esofágico
el ansia irrefrenable digiere
incluso lo que no me alimenta.

El hambre entra en mi estómago
a través de la herida abierta.
Soy una planta carnívora
ninguna boca es suficiente agua
ningún cuidado es suficiente oxígeno.

Clarice Lispector hablaba de un hambre mayor
de trascendencia
pero mi deseo habita aquí en la Tierra
ávida de mí
de aquellos tiempos cuando me sabía completa.

# Hunger

*translation by the author*

I'm always hungry
desire slips through my mouth unsatisfied
to eat, to rest, to nest inside other bodies.

The ancient urge
to taste everything
to cradle it on my tongue
to grind it in the clash of teeth
a cannibal hunger for my own dreams.

The ferocity of saliva dissolves the poison
falling down the throat's abyss
an untamed craving digests
even what will never nourish me.

Hunger seeps into my stomach
through the open wound.
I am a carnivorous plant
no mouth is enough water
no care is enough oxygen.

Clarice Lispector spoke of a greater hunger
of transcendence
but my desire clings to the Earth
thirsting for myself
for the days when I knew I was whole.

EDWIN RENDÓN
# Ojos/Eyes/Ice/Hielo/Yellow/Amarillo

Ya llegó el ICE al block
waking up the vecina
when they pounded la puerta
to take her esposo away.
Gritando they declared
what he had cometido
but él ya fue reformed
by the Todopoderoso.

Now he repairs barcos
not of boats that cross bordes
full of unexpected sueños
to some divided estados.
Pero without any asuste,
there's help del míster
the one from al otro lado.

Aunque es de constitutions
he has armas that protegen
al fellow que maintains
ardiente the evening café
and
the pan de la mañana
since his comida comes
from races with manos
llenas of maíz
al grano

For those various platos
la gente screw themselves
a buen rato,
ever been to el campo
a piscar
and make bunches de cilantro?

# Amarillo/Yellow/Hielo//Ice/Eyes/Ojos

*translation by the author*

ICE has come to the cuadra
despertando a la neighbor
cuando golpearon the door
para llevarse a su husband.
Shouting declararon
lo que había committed
pero he has been reformado
por el Almighty.

Ahora repara ships
no de barcos que cruzan borders
llenos de dreams inesperados
a unos divididos states.
But sin ningún fright,
hay apoyo from the mister
el del other side.

Though he's of constituciones
tiene arms qué resguardan
the prójimo that mantiene
ardent el coffee de tarde
y
el morning bread
ya que su food viene
de razas con hands
full of maize
whole grain.

Para esos varios plates
the people se jode
un good while,
¿Nunca han ido al field
to pick
y hacer ramos of cilantro?

When the cosecha calls
and la lluvia yells deluge
siguen wrapping
ese vegetable most puro.

Para nada hacen spray poison
it will cut más fresco
porque they're very green
in the union del barrio.

Cuando la harvest llama
y the rain grita diluvio
they keep envolviendo
that vegetal más pure.

For nothing riegan veneno
se cortará much fresher
because son bien verdes
en la unión of the burrough.

PILAR RODRÍGUEZ ARANDA

## *Nonantzin Tlaolli*

Semilla de colores: grano azul, morado, *cintli* rojo y negro,
sobre todo amarillo: más valioso que el oro, hermoso olote
-*elotl*- eres sustancia anudada, alimento tornado
en blanda masa, delgado crujir, genética mística nativa,
transformada al traducir al castellano tus lenguas innatas.
Convertido en *tlaxcalli*, te pronuncian tortilla, y te saborean
como gordita, esquite, atole, tlacoyo, pozole y chilaquil.

Enraizada al sur del Ombligo de la Luna, Mamá Maíz
cómo no vamos a sentirte nuestra, cómo no sentirnos tuyos.
De México eres fortuna: hogar y fogón, lugar de origen.
En ese territorio fuimos criados, procreados o paridos,
nombrados tus hijos, memoria viva frente al exterminio,
cuando intentaron destruirnos con pólvora y viruela,
adelgazando nuestra estirpe en salvaje mestizaje.

Fuimos, no solo colonizados, sino también corrompidos,
pero en esa densa herencia, persististe: fractal y carnosa,
comestible mazorca que nos sostiene, sobreviviente
entre precolombinas y arruinadas construcciones.
Madre *Nonantzin*, nos nutres en silencio, eco de lo perdido,
nos devuelves a un tiempo sin conquista, gloria imaginada.
Eres invención inolvidable, sustento eterno.

Tu cuerpo es nuestro, perfecto en la mesa, compañero
del *tomatl*, el *chilli* y el verde y sensual *ahuacatl*,
En concierto *terrene* con *ayotli* y *etl*, frijol y calabaza,
todos de la misma cuna, cordón lunar umbilical.
Incluso como excrecencia dormida, cuitlacoche,
esa forma micégina, tumórea, gris y negra, deliciosa,
cultivada enfermedad que te arremete y nos protege.

Te encubres bajo el *totomoxtle* que rellenamos para *tamallis*
de rajas y de carne, de chepil y chipilín, de hormiga y chapulín
incluso tuna y ciruela, y siglos después, de pasas y canela.
No se puede negar que te extendiste, adoptando nuevas formas,
arrobaste el firmamento que rodea nuestro planeta,
híbrida fusión de adaptada geografía, la Tierra entera,
ahora, hirviente caldo saturado con tu *umami*.

# *Nonantzin Tlaolli*

*translation by the author*

Seed of colors: blue grain, purple, red and black *cintli*,
above all yellow: more valuable than gold, beautiful ear of corn
–*elotl*–you are knotted substance, food transformed
into soft dough, delicate crunch, native mystical genetics,
translated into Spanish from your innate tongues.
Turned into *tlaxcalli*, you are called tortilla, and are savored
as *gordita, esquite, atole, tlacoyo, pozole* and *chilaquil*.

Rooted south of the Moon's Navel, Mother Corn,
how can we not feel you ours, how not feel ourselves yours?
You are Mexico's fortune: hearth and flame, origin and home.
In that land we were raised, engendered or born,
named your children, living memory against extermination,
when they tried to destroy us with gunpowder and the pox,
thinning our lineage in savage *mestizaje*.

We were not only colonized, but also corrupted,
but in that dense heritage, you persisted: fractal and fleshy,
edible corn cob that sustains us, survivor
among pre-Columbian and ruined constructions.
Mother *Nonantzin*, you nourish us in silence, echo of the lost,
you return us to a time without conquest, imagined glory.
You are unforgettable invention, eternal sustenance.

Your body is ours, perfect at the table, companion
of *tomatl, chilli* and the green, sensual *ahuacatl*.
In earthly concert with ayotli and etl, bean and squash,
all from the same cradle, lunar umbilical cord.
Even as dormant excrescence, *cuitlacoche,*
that fungal, tumorous, gray and black form, delicious,
cultivated illness that invades you and protects us.

You hide beneath the totomoxtle, we stuff for *tamallis*
with strips of chile and meat, ants and *chapulines, chepil* and *chipilin,*
with prickly pear and plum, and centuries later, raisins and cinnamon.
It cannot be denied that you expanded, adopting new forms,
you enchanted the firmament that surrounds our planet,
hybrid fusion of adapted geography, the entire Earth,
now, a boiling broth saturated with your *umami*.

Del horno emergen pastel chileno, salteña y pan de maíz;
en el comal se cuecen el sope, la arepa y la pupusa;
en la olla bullen la poderosa polenta, el *angu* y el *mieliepap*.
En tu versión palomera –pipoca, crispeta o cotufa–
traviesos y sonoros apelativos como tu explosiva esencia,
pareja inseparable de esa universal y cinemática
experiencia que nos transporta y convierte en colectivo.

*Nonantzin Tlaolli*, ¡taco de mi vida! De seso, de ojo, de pollo,
de cuero, de trompo o suadero, revestido en verde
o intensos rojos, salsa de mi salsas, proveedora de alegría,
vertida en grueso huarache o desnuda tortilla, recién hechecita,
o en granulares t*otopochtlis*, nombrados Nachos, o espesada,
hecha mole, sobre hermanas tostadas -*tlaxcaltotopochtlis*-.
En todo continente, interminable, sostén de la existencia.

Vegana reina de patios y de huertas, majestuosa, creces
hidropónica, en terrazas o en la oscuridad de un clóset
bajo luces de cultivo y riego por goteo, adaptación adelantada,
distópica y orgánica, inseparable de nuestro ser
humanos mal habidos, de avisado corazón, tuyos en fin.
Mágica y realista, *Nonantzin Tlaolli*, madre que se sacrifica
sustancia viva que nos vivifica, eterna masa, cuerpa nuestra:

Mamá Maíz.

From the oven emerge Chilean cake, salteña and cornbread;
on the comal sizzle the *sope*, the *arepa* and the *pupusa*;
in the pot bubble powerful polenta, *angu* and *mieliepap*.
In your popcorn version—*pipoca, crispeta* or *cotufa*—
mischievous and sonorous nicknames like your explosive essence,
an inseparable partner of that universal, cinematic
experience that transports and makes us collective.

*Nonantzin Tlaolli*, taco of my life! Of brain, of eye, of chicken,
of hide, of spit-roast or suadero, dressed in green
or intense reds, sauce of my sauces, bringer of joy,
poured on thick *huarache* or naked tortilla, freshly made,
or on granular *totopochtlis*, called Nachos, or thickened,
made into *mole*, on toasted sisters—*tlaxcaltotopochtlis*.
On every continent, inexhaustible, support of existence.

Vegan queen of courtyards and gardens, majestic, you grow
hydroponic, on terraces or in the darkness of a closet,
under grow lights and drip irrigation, advanced adaptation,
dystopian and organic, inseparable from our being
ill-begotten humans, with wary hearts, yours in the end.
Magical and realist, *Nonantzin Tlaolli*, mother who sacrifices,
living substance that revives us, eternal dough, our embodied mass:

Mother Corn.

Sofía Rodríguez Fernández

# Tejedoras de las mareas

Soy parecida
a una fuerte corriente de agua
a la canción de las sirenas
a la palabra de lo extraño
a la llamada ancestral que orbita sobre nosotras
al riesgo del milagro
       que duerme dulcemente
en las páginas de un diccionario
       o en el dibujo de las flores
al momento de la marea
       por donde vuelan los pájaros
       y los peces
       y todo lo que recorre las entrañas de las mujeres
un ascenso y un descenso
una alteración periódica
       que nadie puede predecir
una ola del agua interior
       que nos conecta con las estrellas
donde las musas tejen los hilos
       que forman al universo
todo lo que es
conectado con todo lo demás    que también es
un espiral de futuro y de pasado
un desorden profundo
       elemental y salvaje
donde todas las cosas esperan en silencio
       ser enlazadas por nudos secretos
       y presenciar
el propio movimiento de las mareas
ese por donde vuelan
los pájaros y los peces
y todo lo que recorre las entrañas de las mujeres.

# Weavers of tides

*translation by* Alissandro Aguilera Rodríguez

I'm similar
to a strong water current
to the song of mermaids
to the word of the strange
to the ancestral calling orbiting above us
to the risk of a miracle
    that sleeps sweetly
in a dictionary's pages
    or in the drawing of flowers
at the tide's moment
    around the place where birds fly
    and fish
    and everything that runs inside the entrails of women
an ascent and a descent
a periodic alteration
    that no one can predict
a wave of the internal water
    that connects us to the stars
where the muses weave the threads
    that shape the universe
everything that is
connected with everything else    which also *is*
a spiral of future and past
a profound disorder
elemental and wild
of all things that wait in silence
    to be binded by secret nods
    and witness
the tide's very own movement
that in which they fly
the birds and the fishes
and everything that runs inside the entrails of women

# En el país de los silencios

En el país de los silencios / es fácil observar
el espejo negro del horror
que son los otros
Qué significa esa invocación a la "Tierra"
qué tierra
qué madre
Pachas Pachacutec
Pachamama
Tierra roja
Rojas Pachas
En Perú
era hijo del chileno invasor.
Ese que no termina de encajar
y que no da tregua y espacio a la confianza.
Mi apellido no da tregua
En Chile soy cholo / soy ajeno.
No entienden el color de mi piel
un color que no hace juego con el nombre de mi madre.
Y otros
esos que si hacen juego y dinero con su voz,
me dicen: sángralos.
Pide lo que te mereces.
La beca, el viaje, travestirse en la cultura que mi madre dejó atrás.
Cultura que nunca explore
que es tan extraña como el otro
como mi cuerpo: la enfermedad infantil, el miedo
constante y el deseo por alejarse,
ser mudo.
La ausencia de voz en el país de los silencios.
Pachas
que significa ese sonido impronunciable en este mundo de sonidos
guturales.
País
que no tiene una palabra para el amor
y cuya falta de sol me lastima.
En el país de los silencios
soy aún más ajeno y lejano de mí mismo.
En el país de los silencios
pensar mi ausencia
es un sentimiento feliz.

# In the land of silence

*translation by the author*

In the land of silence / it is easy to see the black mirror of abhorrence
that is others.
What does that invocation to the "Earth" mean?
What earth?
What mother?
Pachas Pachacutec
Pachamama
Red Earth
Rojas Pachas
In Peru
I was the son of the Chilean invader.
That one that never quite fits in
and gives no truce or space for trust.
My surname gives no truce.
In Chile I am *cholo* / I am a stranger.
They don't understand the color of my skin,
a color that doesn't match my mother's name.
And others,
those who do match and make money with their voices,
tell me: bleed them dry.
Ask for what you deserve.
The scholarship, the trip, cross-dressing in the culture my mother left
behind.
A culture I never explored,
which is as strange as the other,
like my body: childhood illness, constant fear,
and the desire to get away,
to be mute.
The absence of voice in the country of silences.
Pachas
what means that unpronounceable sound in this world of guttural sounds.
Country
that has no word for love
and the absence of sun hurts me.
In the country of silence
I am even more alien and distant from myself.
In the country of silence
thinking about being away
is a happy feeling.

En el país de los silencios es fácil apelar a la periferia
puesta con luces sobre el mapa.
Bien conocida es la coordenada.
Ese archi
conocido
rincón
que pretendemos oculto y un rescate es invocado
para ser el Mercator- el Magallanes,
el nuevo explorador de una tierra ya recorrida y bien dibujada
con las claves a flor de piel
porque puedo reiterar la poesía
y con la poesía
en el país de los silencios
es fácil mirar con lupa el horror – la otredad
y tapar con una cordillera imaginaria de sonidos
mi sagrado silencio
silencio de país muerto que arrastro en mi nombre.

In the country of silence it is easy to appeal to the periphery
marked with highlights on the map.
The coordinates are well known.
That well-known
corner
we pretend is hidden, and a rescue is called for
to be the Mercator—the Magellan,
the new explorer of a land already traveled and well mapped
with clues at the surface
because I can reiterate poetry
and with poetry
in the land of silences
it is easy to look closely at horror—otherness
and cover with an imaginary mountain chain of sounds
my sacred silence
the silence of a dead country that I carry in my name.

# Notas

El primer cartel de drogas moderno es el Imperio Británico. La primera enfermedad moderna es la individualidad. El primer entrenamiento moderno es la lectura. El primer mecanismo moderno es el inodoro con descarga en S.

La anatomía es destino (Freud). La anatomía es industria (Sterling).

Los efectos secundarios comunes incluyen náusea, vómito, dolor de cabeza, cambios de tonalidad en la piel, aumento/disminución del apetito sexual, piel grasosa, pérdida de cabello, acné. Las mujeres deberán usar dos métodos anticonceptivos (por ejemplo, condones y pastillas) mientras utilicen este medicamento. Crecimiento del clítoris o hinchazón de pechos en los hombres. Microsoft me dice que eso no es una oración completa. Claridad mental. Nerviosismo, llanto, paranoia, ansiedad, depresión. Necesidad urgente de orinar. Crecimiento de vello indeseado. Conducta agresiva. ¿Estoy embarazado?

Provisión de cuerpos. Provisión de órganos. La exportación de la miseria. El cuerpo como capital. La capitalización de lo queer. El cuerpo como producto. Necropolíticas. Reserva genética. Convulsiones. Enfermedades del cuerpo. Enfermedades mentales. Tiendas de drogas: farmacias. El cielo bioquímico. Donación involuntaria de órganos. Prostitución y seguro social. Trabajo corporal. Servicios. Mi cuerpo es tuyo.

Privatopías. Comunidades vigiladas. "Una especie de exprimidor de jugo que separa la carne de los flujos de dinero". Biopolíticas. Drones de vigilancia. Propiedad privada. Seguridad. Comprar tu futuro. Vender tu futuro. La prevención médica como vigilancia del interior del cuerpo. Compañías de seguro. Nacionalidad: registro involuntario. La reconquista será genética. La invasión, cromosomática.

Edición de genes. Cría molecular. Apartheid climático. El internet de las cosas. Bio-impresión. Geo-cercado. Depresor. Supresor. Potenciador. Optogenética. Transfección. Contaminación. Contagio. Cría. Necesitamos nuevas glándulas.

Wetware. Maquilaware. Maquila wear. Cuerpo del tercer Mundo cuidando cuerpos del Primer Mundo. Affectware. Illware. El género de los momentos. El género de las situaciones. Hiperconectado= Desconectado, La economía de los afectos. Salario emocional. La carne nos salvará.

# Notes

*translation by the author*

The first modern drug cartel is the British Empire. The first modern disease is individuality. The first modern training is reading. The first modern appliance is the S-trap flush toilet.

Anatomy is destiny (Freud). Anatomy is industry (Sterling).

Common side effects include nausea, vomiting, headache, skin color changes, increased/decreased sexual interest, oily skin, hair loss, and acne. Women using this medication should use 2 forms of birth control (i.e., condoms and birth control pills) while using this medication. Enlarged clitoris or breast swelling in men. Microsoft tells me last one is not a complete sentence.Clearness of mind. Headache, nervousness, crying, paranoia, anxiety, depression. Urgent need to urinate. Unwanted hair growth. Aggressive behavior. Am I pregnant?

Body stock. Organ stock. The exportation of misery. Body as capital. The capitalization of queerness. Body as product. Necro-politics. Genetic pool. Seizures. Body diseases. Mental diseases. Drugstores. Biochemical heaven. Involuntary organ donors. Prostitution and healthcare. Body labor. Services. My body is yours.

Privatopias. Guarded communities. "A kind of orange juice strainer to separate flesh from flows of money". Bio-politics. Guardian drones. Private property. Security. Buying your future. Medical prevention as inner bodily surveillance. Insurance companies. Nationality: unwilling club registration. The reconquest will be genetic. The invasion will be chromosomatic.

Gene editing. Molecular breeding. Climate apartheid. Internet of things. Bio-printing. Geo-fencing. Depressor. Supressants. Enhancers. Optogenetics. Transfection. Contamination. Contagion. Breeding. We need new glands.

Maquila-ware. Maquila wear. Third World bodies taking care of First World bodies. Ill-ware. Hyperconnected=Disconnected. Emotional wages. The flesh will save us.

# Cadete

Se escucha a media cuadra de mi casa
el sonido de un tambor ensimismado.

Pienso en un cadete vertical y taciturno,
en una mustia ausencia de fanfarrias,
en el disco de un sol que lo insola.

Pienso en un cadete acuartelado
percutiendo un tambor de cuero viejo
—un tambor sucio y gastado—
ante un asta sin bandera.

Sucio, gastado y viejo,
por convenir al deterioro de un plantel
en una brusca periferia.

¿O no sería más justo imaginarlo así
—viejo, gastado y sucio—
por convenir mejor a mi esqueleto?

¿Acuartelado ante la tele sin prender?

¿Horizontal, sin rango y sin blasón?

# Cadet

*translation by the author*

It is heard from half a block of my house
the sound of a self absorbed drum.

I think of an upright and taciturn cadet,
of a withered absence of fanfares,
of the disc of a sun that insolates him.

I think of a quartered cadet
beating an old leather drum
—a dirty, worn drum—
before a flagpole without a flag.

Dirty, worn and old,
to suit the deterioration of a campus
on a rough outskirts.

Or wouldn't it be more accurate to imagine him like this
 —old, worn and dirty—
to better suit my frame?

Quartered before the T.V. without turning it on?

Horizontal, without rank and without a coat of arms?

# Emma B.

Tú eres la nueva leche
tic toc, tic toc, remojas
tus huesos en tu propia
agua, en la honda cama
de todas las humedades
que te han atravesado
por los ojos y la boca

hasta que quede blanca
de tanto calcio y éxtasis
el agua que de tus poros
cae como una bendición
en la cara de un niño
en su primera cumunión
cuando exorsizan el fuego

yo creí que en otra vida
fui Madame Bovary
pero fui una rana, un
nogal ojón, remojado
existí fuera de paginas
no rondé ninguna idea
pero fui la nueva leche

tic toc, tic toc, de tu piel
una carpa en el patio
para leer sin los zapatos
un popote larguísimo
como ciempiés, merodea
de mi boca al canal donde
la nata te vuelve una jarra

nadie te inventó en hojas
pusiste tu argamasa
de cartílagos y lengua
abatida en un vaso.
Que lleguemos los gatitos
a beber hombro a hombro.
A mí se me escurre de los labios.

# Emma B.

*translation by the author*

You are the new milk
tic toc, tic toc, you soak
your bones in your own
water, in the deep bed
of all the moistures
that have crossed you
through your eyes and mouth

until the water from your pores
becomes white
with so much calcium and ecstasy
falling like a blessing
on the face of a child
at their first communion
when they exorcise the fire

I thought in another life
I was Madame Bovary
but I was a frog, a
big-eyed walnut, soaked
I existed outside of pages
I didn't circle any ideas
but I was the new milk

tick tock, tick tock, from your skin
a tent in the yard
to read barefoot
a long, long straw
like a centipede, prowls
from my mouth to the canal where
the cream turns you into a pitcher

no one invented you in pages
you set your mortar
of cartilage and tongue
beaten in a glass.
Let the kittens arrive
to drink shoulder to shoulder.
It slips from my lips.

# Chai Latte

       Soya,                      canela,
           jengibre, espuma
           un chingo de azúcar.
Taylor Swift,                Natalie Umbruglia
la        playlist de Starbucks       está chida
para      llorar      por la    muerte de tu madre.

Esófago caliente,
         panza muda,
 corriente de aire en pestañas.

No conformes      con tener útero
      las mujeres siempre metemos
cosas en bolsitas:
            algún anhelo alquímico
              cual Mary Poppins
       cantando chim-chiminí.

# Chai Latte

*translation by the author*

Cinnamon,     soy,
   ginger, foam
  a shitload of sugar.
Taylor Swift,    Natalie Umbruglia
Starbuck's playlist    is dope
to  cry  your mother's   death.

Warm gullet,
   speechless gut,
 air flow in eyelashes.

Not content  with carrying a uterus
  women always stash
things in bags:
    some alchemical longing
     like Mary Poppins
   singing chim-chim cher-ee.

## A pesar de la fama el normalismo es el mismo

Existirán cientos de documentales
sobre la injusticia
y los territorios extensos del hambre.
Habrá grandes escaparates
alrededor de historias emanadas del pueblo
y las envasarán
para venderlas a altos precios.
El normalismo mexicano no será la excepción:
Será encumbrado en vitrinas de oro:
tendrá minutos en tv nacional,
escribirán libros sobre él,
hasta realizarán series impactantes.
Pero nada transformará su condición.
Nada reestructurará el vacío que lo rodea,
porque la atención que recibe
es una trampa del mercado,
un anzuelo de la economía neoliberal,
un placebo que nos promete
el extenso sueño de lo justo.

# Despite the fame
# normalism remains the same

*translation by* Raul Olmo Fregoso Bailón and Jafeth Sánchez

There will be hundreds of documentaries
about injustice
and the vast territories of hunger.
There will be great showcases
around stories emanating from the people
and they will be packaged
to be sold at high prices.
Mexican normalism will be no exception:
It will be exalted in golden showcases:
it will have minutes on national TV,
books will be written about it,
they will even make impactful series.
But nothing will transform its condition.
Nothing will restructure the void that surrounds it,
because the attention it receives
is a market trap,
a hook of the neoliberal economy,
a placebo that promises us the vast dream of justice.

# Días de agosto

¿Quién te recoge,
ya que te has caído,
sombra de este cuando
próximo al entonces?
La hora se ha extendido
para llegar al bosque
donde entra con pereza
el camino
y no hay razón
para cejar el paso.
¿No ves como la estrella
se ha encendido
sobre esos árboles
callados por el viento?

# August Days

*translation by the author*

Who gathers you,
since you have fallen,
when's shadow
right beside then?
The hour has lengthened
to reach the woods
where the road lazily goes in
and there's no reason
to slow our pace.
Don't you see how the star
has kindled
over those trees
silenced by the breeze?

# Simplificación

Aprendí a desenmarañar los hilos anudados de mi vida. . .
A descubrir lo bueno que se oculta tras el desorden.
a soltar lo pesado y abrazar lo que flota frente a mí,
a abrazar el silencio de una hoja que flota en el aire,
a dejar volar el eco de mis mejores palabras.
a disfrutar mi hoy con lentes de optimismo,
y a esperar el mañana sin miedo a lo incierto.

Se abrió el telón de fondo de mi vida,
para despojarme del exceso de lo innecesario,
dejar que mi rio fluya en su curso,
vivir cada momento plenamente,
apreciar las cosas simples y esenciales
como el aroma a fruta recién cortada
o un simple atardecer en la azotea.

El viaje de mis grandes sueños sigue ahí
con itinerarios de corto destino
y una visión de largo alcance. . .

# Simplification

*translation by the author*

I learned to unravel the knotted threads of my life...
To discover the good hidden behind the clutter,
to let the heavy weight go and embrace what floats by me,
to hug the quiet of a leaf drifting through the air,
to let the echo of my best words take flight,
to enjoy today through the lens of optimism,
and to await tomorrow without fear of the uncertain.

The back curtain of my life just opened,
to help me shed the excess of the unnecessary,
let my river flow along its course,
live each moment fully—
appreciate the simple and essential things,
such as the aroma of freshly cut fruit
or a simple sunset on the roof.

The journey of my great dreams remains there
with short-destination itineraries
and a long-range view...

# Jodie Foster

Una preciosa Iris de doce años
en relación perversa
con el taxista más famoso del cine,
Travis Bickle, en *Taxi Driver*
de Martin Scorsese.
Para el asombro púber,
una niña dispuesta
a todo en la pantalla.
Después la nominación al Óscar.
Otra vez, Jodie en *Acusados*
de Jonathan Kaplan
—ya en 1988.
Y luego la Foster
en el burdel de *Shadows and Fog* de 1992.
El descubrimiento de la niña
Alicia Christian Foster,
en esa pantalla de cuartoscuro
de nuestro cine de vecindario.
Ese niño que residí es un espectador sempiterno
de la mujer más bella del mundo
según la revista *People* de 1992,
cuyo nombre artístico
fue asignado al asteroide 17744
de la serie (1998 $BZ_{31}$),
descubierto el 18 de enero de aquel año.

# Jodie Foster

*translation by* Xavier G

A precious 12-year old Iris
in a perverse relationship
with the most famous cab driver in cinema,
Travis Bickle, in Martin Scorsese's *Taxi Driver*.
For youthful amazement,
a girl willing to do anything on screen.
Then came an Oscar nomination.
Again, Jodie in *The Accused*
by Jonathan Kaplan
—that was in 1988.
And then Foster
in the brothel of 1992's *Shadows and Fog*.
The discovery of the girl
Alicia Christian Foster,
on that dimly lit screen
in our neighborhood movie theater.
That child I once was is an eternal spectator
of *the most beautiful woman in the world*
according to *People* magazine in 1992,
whose stage name
was assigned to asteroid 17744
from the series (1998 $BZ_{31}$),
discovered on January 18 of that same year.

ANGÉLICA M. YAÑEZ
# Abuelita hace el último tamal

Me siento en una mesa redonda de madera de arce,
cinco generaciones de mujeres,
la siguiente en la fila para algo que el dinero no puede comprar:
su toque, su destreza, su legado
        Nuestra matriarca—
        manos suaves, morenas y arrugadas,
        callosas y sabias,
        que conocen el mapa de la masa,
        nixtamal, una alquimia sagrada
La hoja de maíz,
remojada y dócil
La cuchara llena de masa,
presionada y alisada con cuidado
Una cucharada del relleno—
puerco con chile rojo, o pollo con chile verde
Doblar, envolver, acomodar
Un arte milenario
        La tamalada familiar,
        nuestras voces suben y bajan entre risas
        Mi abuela guía,
        con los ojos brillantes, su voz suave pero firme
        Y yo—quiero aferrarme a esto,
        a este ritual, a este encuentro de manos y memorias
Décadas han pasado desde que hizo su último tamal
Sus manos, hinchadas por el tiempo,
ya no amasan ni envuelven como antes
Si tan solo hubiera sabido que las manos también caducan,
habría saboreado cada bocado,
honrado cada comida con más reverencia
        Pero en mi juventud,
        pensé que su comida siempre calentaría la mesa
        Ya de adulta, he buscado tamales como los suyos—
        esponjosos, abundantes, llenos de sabor.

# *Abuelita* makes the last *tamal*

*translation by the author*

I sit at a round table of maple wood,
five generations of women,
next in line for something money cannot buy:
her touch, her skill, her legacy
   Our matriarch—
   soft brown, wrinkled hands,
   calloused and wise,
   that know the roadmap of *masa*,
   nixtamal, a sacred alchemy
*La hoja*, the corn husk,
soaked and pliable
*La cuchara,* spoon full of *masa*,
pressed and smoothed with care
A dollop of filling—
*puerco con chile rojo, o pollo con chile verde*
Fold, wrap, tuck
*Un arte antiguo*—an ancient art
   The family *tamalada,*
   our voices rise and fall in laughter
   My grandmother leads,
   her eyes shining, her voice soft but steady
   And me—I want to hold on to this,
   this ritual, this gathering of hands and stories
Decades have passed since she made her last *tamal*
Her hands, swollen with time,
cannot knead or fold as they once did
If only I had known that hands expire
I would have savored every bite,
cherished every meal with more reverence
   But in my youth,
   I thought her food would forever warm the table
   In my adult life, I've searched for tamales like hers,
   fluffy, full, rich with flavor.

Pero siempre falta algo
En restaurantes por todos los Estados Unidos,
en esquinas del Zócalo de la Ciudad de México,
hasta en pueblitos de la tierra madre—
muy secos, poco relleno,
o el sazón simplemente no es el mismo
        Sus medidas nunca fueron exactas:
        Un puño de esto,
        así no más,
        una pizca,
        justo así
        Sus manos guardaban un saber que ninguna receta podía
        traducir
Sus favoritos eran los dulces— de piña, canela y pasas.
Masa suave y doradita, envuelta con amor
Tarareaba una canción mientras trabajaba,
su voz, una melodía de memoria y tradición
        He viajado por pueblos fronterizos,
        montañas y costas,
        al norte, al sur, y al centro de México—
        pero me he resignado a la verdad:
        mi abuela hizo el último tamal
No era solo comida,
era su alma,
sus manos,
su historia
        Ahora, mientras me siento en esta mesa,
        la hoja en mi mano,
        trato de recordar cada paso,
        de imitar su toque
        Pero la masa se siente distinta
El sabor—desfasado por una generación perdida
Aun así, envuelvo y doblo,
rezando para que alguna parte de ella viva
en cada bocado que paso a la siguiente generación
Ella sonríe suavecito
Sabe que
*estoy haciendo mi mejor esfuerzo por honrar su legado*

But something is always missing
In restaurants across the U.S.,
on street corners in *el Zócalo* of Mexico City,
even in tiny villages across the motherland—
too dry, not enough filling,
or the flavor doesn't taste the same
       Her measurements were never exact:
       *Un puño de esto,*
       *así no más,*
       *una pizca,*
       *justo así*
       Her hands held knowledge no recipe could translate
Her favorite were the sweet ones—
*de piña, canela y pasas*
Soft, golden *masa* wrapped with love
She'd hum a song as she worked,
her voice a melody of memory and tradition
       I have traveled to border towns,
       mountains, and seashores,
       north, south, and central Mexico—
       but I've resigned myself to the truth:
       my *abuelita* made the last *tamal*
It was not just food,
it was her soul,
her hands,
her story
       Now, as I sit at this table,
       *la hoja* in my hand,
       I try to remember every step,
       to mimic her touch
       But the *masa* feels different
The flavor—off by a lost generation
Still, I wrap and fold,
praying that some part of her lives on
in each bite I pass down
She smiles softly
She knows,
*I am trying my best to honor her legacy*

**Más que una pregunta**
tengo un comentario
una pila de multas un diagnóstico
desfavorable ganas
de llorar en la oficina

más que una pregunta tengo
ansiedad los domingos
sensación de culpa
de que olvidaré algo
de que me falta algo
de que algo
está roto y es irreparable

más que una pregunta tengo
un vacío en el estómago
un miedo irracional a los insectos
una parálisis
ante la idea de la muerte

más que que una pregunta
tengo el paladar escaldado
las encías cortadas de masticar frituras
de llenarme la boca
para no gritar
para no morderme la mano
para no rechinar
los dientes
en las reuniones familiares

más que una pregunta tengo
la espalda torcida
la boca seca
la sensación de tener

una bolsa de plástico
atorada en la garganta

*translation by the author*

**More than a question**
I have a comment
a pile of fines an unfavorable
diagnosis the urge
to cry at the office

more than a question I have
Sunday anxiety
a feeling of guilt
a feeling that I forgot something
that I'm missing something
that something
is broken and it's irreparable

more than a question
I have an emptiness in my stomach
an irrational fear of insects
a paralysis
before the idea of death

more than a question
I have a scalded tongue
gum cuts from chewing potato chips
from filling my mouth
so I don't scream
so I don't bite my hand
so I don't grind
my teeth
during family reunions

more than a question I have
a twisted back
a dry mouth
I have the feeling of having
a plastic bag
stuck in my throat

# Poetas y Traductores
## Poets and Translators

**Alissandro Aguilera Rodríguez**
Aprendió sobre el espíritu del texto en la carrera de *Letras y Literatura Inglesa* en la Facultad de Filosofía y Letras en la UNAM. Utiliza el proceso de traducción para afinar su propio estilo de escritura.

He learned about the spirit of the text while studying *Letras y Literatura Inglesa* in the Facultad de Filosofía y Letras at UNAM. He uses the translation process to tune his own writing style.

**Carolina Alvarado**
Artista multidisciplinaria. Maestra en Literatura Contemporánea Mexicana por la UAM. Autora de *Escribir frente al espejo*, *Los cuervos habitan estas páginas* (2023), *Poemas para la revolución* (2019), *Exilio de sirenas* (2012), *Amando un cielo libre* (2009).

She is a multidisciplinary artist. MA in Mexican Contemporary Literature by UAM. Author of *Escribir frente al espejo*, *Los cuervos habitan estas páginas* (2023), *Poemas para la revolución* (2019), *Exilio de sirenas* (2012), *Amando un cielo libre* (2009).

**Roxana Arroyo**
Licenciada en Letras Inglesas por la UNAM. Ha sido becaria de Poesía (2024) y de Escritura y Testimonio (2025) en UTV. Sus poemas se encuentran en diversas revistas electrónicas e impresas y en dos antologías.

She has a BA in English Lit & Language from UNAM. She has been a Poetry (2024) and a Writing of Witness (2025) fellow of UTV. Her work can be found in several online and printed magazines and in two anthologies.

**Nadia Ávila**
Médica, tallerista y divulgadora de poesía escrita por mujeres en la plataforma *Poesía Yo, Lolita*.

Medical doctor, workshop facilitator, and promoter of poetry written by women on the *Poesía 'Yo, Lolita* platform.

**Ana Karina Balderrábano**
Poeta, comunicóloga y promotora cultural de Tijuana, México. Ha ejercido el periodismo y trabajado en docencia y espacios culturales. Su trabajo poético ha sido publicado en México, Brasil, Argentina, Uruguay, Cuba y los Estados Unidos. Autora de los poemarios *Palabras de mi piel* (2008), *Memoria de octubre* (2018) y la plaquette *Ritual amatorio* (2023).

She is a poet, communicologist and cultural promoter from Tijuana, México, that has worked in journalism, as well as in cultural and educational fields. Her poetic work has been published in México, Brasil, Argentina, Uruguay, Cuba and The United States. Her first collection of poems *Palabras de mi piel* was published in 2008, then *Memoria de octubre* in 2018, and most recently *Ritual Amatorio* in 2023.

**Omar Bárcena**
Su primer poemario, *Poemas desde el otro lado*, fue publicado en España por Valparaíso Ediciones, fue nominado al premio Pushcart por Flying Ketchup Press, quien lo publicó en su antología trilingüe The Very Edge Poems. Omar fue nominado el premio de plaquette 2024 por Harbor Review.

His first collection of poetry *Poemas desde el otro lado*, was published in Spain by Valparaíso Ediciones, and was a 2020 Pushcart Prize nominee for Flying Ketchup Press, which featured him in their trilingual anthology the Very Edge Poems. He was a 2024 Chapbook Editor's Prize Finalist for Harbor Review.

**Paty Blake**
Escritora y terapeuta gestalt. Autora de los libros *La mitad de todo*, *Ciudad A*, *Amanecer de viaje* y *El árbol*. Obtuvo el Premio Estatal de Literatura 2024 en Poesía, y las becas del Fondo Nacional para la Cultura y las Artes (Fonca) 2012-2013 y del Fondo Estatal para la Cultura y las Artes. Actualmente acompaña procesos individuales y grupales de escritura terapéutica y creativa.

Writer and gestalt therapist. Author of the books *La mitad de todo*, *Ciudad A*, *Amanecer de viaje* and *El árbol*. She received the State Prize for Literature (Poetry) 2024. Was awarded with scholarships from the National Fund for Culture and the Arts (Fonca) 2012-2013 and the State Fund for Culture and the Arts in Mexico. Currently she accompanies individual and group processes of therapeutic and creative writing.

**Ingrid Bringas**
Es poeta y fotógrafa Su obra ha sido traducida al inglés, chino, francés e italiano. Es autora de varios libros de poesía. Su obra se centra en las corporalidades *queer* y la naturaleza de lo que nos rodea.

She is a poet and photographer. Her work has been translated to English, Chinese, French and Italian. She is the author of several books of poetry. Her work refers to queer corporalities and the nature of what surrounds us.

**Flora Calderón Ruiz**
Autora de los poemarios: *Montes de espuma sanguínea, Pasión y canto de Estefanía de la Luz, Marea de brujas, Sentencias de las sombras, Apuntes para una mujer en construcción | Endémica*. Ha coordinado talleres literarios, en escuelas, casas hogar y centros culturales dirigidos a jóvenes, niños y adultos por más de 30 años.

Author of the poetry collections: *Montes de espuma sanguínea, Pasión y canto de Estefanía de la Luz, Marea de bruja, Sentencias de las sombras, and Apuntes para una mujer en construcción | Endémica).* She has coordinated literary workshops in schools, group homes, and cultural centers for young people, children, and adults for over 30.

**Meritxell Calderón Vargas** ,
Activista social, defensora de derechos humanos y escritora de libertades.
She is a social activist, human rights advocate and a writer of freedom.

**Carmen Campuzano**
Artista visual, dibujante de palabras. A partir de 1990 su labor creativa se desarrolla paralela a los Talleres que imparte a niños y poblaciones vulnerables, a través de su proyecto @*Color en tu Corazón,* porque son parte esencial para su crecimiento. Cree firmemente en las bondades del Arte.
She is a visual artist, drawer of words. Since 1990 her creative work is made as she teaches art workshops for children and vulnerable populations, through her project @Color in your Heart, because they are an essential part of her growth. She believes firmly in the goodness of Art.

**Fernando Carrera**
Es autor de los libros de poesía *Fuego a voluntad* (2018), *Fuego a voluntad / Fire of Volition* (2020); *Donde el tacto* (2011), *Là où le toucher / Donde el tacto* (2015); *Expresión de fuego* (2007), y *El fuego se conoce por la quemadura – Breve muestra* (2022).
Carrera is the author of the poetry collections *Fuego a voluntad* (2018), *Fuego a voluntad / Fire of Volition* (2020); *Donde el tacto* (2011), *Là où le toucher / Donde el tacto* (2015); *Expresión de fuego* (2007), and *El fuego se conoce por la quemadura* – Brief Anthology (2022).

**Don Cellini**
Poeta, traductor y fotógrafo. Su obra ha sido traducida al español, catalán, griego e italiano. Es autor de varios libros de poesía, el más reciente de los cuales es *Otra vía*, coescrito con el poeta español Kepa Marua. Es profesor emérito del Adrian College de Michigan.
He is a poet, translator and photographer. His work has been translated to Spanish, Catalan, Greek and Italian. He is the author of several books of poetry, the most recent *Otro vía/Another Way* which he co-authored with Spanish poet Kepa Marua. He is professor emeritus at Adrian College in Michigan.

**Manuel Cruces Camberos**
Actualmente se dedica a la promoción cultural y fotografía artística con especialidad en las artes escénicas. Ha contribuido activamente en diversos canales de medios y prensa desde hace varios años en ambos lados de la frontera, así como en la publicación de varios libros.
He studied Electronic Engineering in San Diego, California and is currently an Arts and Culture promoter and artistic photographer with specialty in the scenic arts. He has actively contributed with diverse press and media channels on both sides of the border as well as books in which his video and photography works have been used.

**Nancy W. De Honores**
Es escritora, poeta y traductora residente en Texas. Ha publicado los poemarios *Blue Lighthouse* (2019) y *Streams of Verse* (2023), y traducido obras de Aman Khan (*Sifting Shades*, 2022), Brian Selkirk (*Exhales*, 2024) y Diane Glancy (*The Book of Bearings*, próxima publicación en 2025).
She is a writer, poet, and translator based in Texas. Her poetry collections include *Blue Lighthouse* (2019) and *Streams of Verse* (2023). She has also translated works by Aman Khan (*Sifting Shades*, 2022), Brian Selkirk (*Exhales*, 2024), and Diane Glancy (*The Book of Bearings*, forthcoming 2025).

**Carlos Domenzain**
Ha publicado diversos textos de investigación sobre teoría de arquitectura entre los que destaca el artículo titulado *Monumentality Corrupted: From Sacred Temples to Empty Boxes*, en la Architectural Theory Review. Uno de sus cuentos, llamado *Kintsugi*, apareció en la revista Luvina, de la Universidad de Guadalajara, en su edición de otoño, 2024.

He has published several research papers on architectural theory, including the article "Monumentality Corrupted: From Sacred Temples to Empty Boxes," in Architectural Theory Review. One of his short stories, titled *Kintsugi*, was published in Luvina, the literary magazine of the University of Guadalajara, in its Fall 2024 issue.

**Romina Espinosa** (Lima, Perú)
Es intérprete y traductora en San Diego, California. Una zurda con alma ecléctica, Romina cuenta con títulos de UC San Diego y la Universidad de Oviedo.

She is an interpreter and translator based in San Diego, California. A left-handed eclectic soul, Romina holds degrees from UC San Diego and University of Oviedo.

**Rosa Espinoza**
Editora, poeta y narradora. Su obra ha sido publicada en antologías y revistas nacionales y extranjeras. Algunas de sus obras son *Señero* (2014), *Postales de Inglewood* (2017) y *Cuadernos de la dispersión*, (2018).

She is an editor, poet and storyteller. Her work has been published in national and foreign anthologies and magazines. Some of her books are *Señero* (2014), *Postcards from Inglewood* (2017) and *Cuadernos de la dispersión*, (2018).

**Raúl Olmo Fregoso Bailón**
Es profesor-investigador de tiempo completo en la Universidad de Nevada, Reno en Estados Unidos. Su libro más reciente es *Teaching as Radical Logic: Dialectics, Analectics and Education* publicado por Rowman & Littlefield en 2025. Es miembro del Comité Internacional de la Cátedra UNESCO en Democracia, Ciudadanía Global y Educación Transformadora.

He is a former normalista-teacher. Full time professor-researcher at the University of Nevada, Reno. His newer book is Teaching as Radical Logic: Dialectics, Analytics and Education, (Rowman & Littlefield, 2025). He is member of the International Advisory Committee of the UNESCO Chair in Democracy, Global Citizenship and Transformative Education.

**Xavier G**
Músico, escritor y traductor. Obtuvo el Premio Nacional de Cuento Fantástico y de Ciencia Ficción en 2005. Es autor de *Violencia de génesis* (cuentos, 2023), *El porvenir incesante de la peripecia en el imprevisible mundo de los hechos* (poesía, 2023) y *Una ración de humanidad para la bestia* (novela, 2024), entre otros.

He is a musician, writer, and translator. He was awarded the National Prize for Fantasy and Science Fiction Short Stories in 2005. He wrote and published *Violencia de génesis* (short stories, 2023), *El porvenir incesante de la peripecia en el imprevisible mundo de los hechos* (poetry, 2023), and *Una ración de humanidad para la bestia* (novel, 2024), among other books.

**Gabriela García**
Colaboró en la antología de cuentos infantiles *1 2 3 por todos mis amigos* (2013) así como en el poemario *Migraciones oníricas* (2014), antología *Mujeres poetas en el país de las nubes: poesía en rojo* (2015) y *Coordenadas de Voces Femeninas* (2019). Recientemente publicó su primer libro infantil llamado *Cuando Mami Trabaja* (2025).

She collaborated in the anthology of Children's tales *1 2 3 por todos mis amigos* (2013) así como en el poemario *Migraciones oníricas* (2014), antología *Mujeres poetas en el país de las nubes: poesía en rojo* (2015) y *Coordenadas de Voces Femeninas* (2019).. Recently she published her first children's book named *Cuando Mami Trabaja* (2025).

**Alfonso García Cortez**
Ha publicado cuatro libros de poemas: *Recuento de Viaje* (Tijuana, 1991), *Elegías Postergadas* (Toluca, 1994), *Llanterío* (Tijuana, 2001) y *En el impuro tacto que motivas* (Mexicali, 2016).

He is the author of four poetry books: *Recuento de Viaje* (Tijuana, 1991), *Elegías Postergadas* (Toluca, 1994), *Llanterío* (Tijuana, 2001) and *En el impuro tacto que motivas* (Mexicali, 2016).

**Aleqs Garrigóz** (Puerto Vallarta, 1986 – Guanajuato, 2025)
Es autor de varios títulos de poesía. Sus últimos libros publicados fueron: *El tercer piso* (2021) y *De naturaleza amarga* (2022). Colaboro en numerosos medios electrónicos e impresos de México y otros países hispanos.

He is the author of several poetry titles. His last books published were: *El tercer piso* (2018) and *De naturaleza amarga* (2019). He collaborated in numerous electronic and print media in Mexico and other Hispanic countries.

**Carmelita Gómez Bravo**
Médica y escritora. Autora de *Momentos Mágicos*, libro de poemas, cuentos y sentencias, y de *Los Poemas del Reloj de Arena*, edición pentalingüe. Ha publicado en diversas antologías y revistas, tanto nacionales como internacionales.

Physician and writer. Author of *Momentos Mágicos*, a collection of poems, short stories, and reflections, and *The Hourglass Poems*, a pentalingual edition. Her work has been published in various national and international anthologies and literary journals.

**Pilar González España**
Es poeta y doctora en Filología Hispánica por la Universidad Complutense de Madrid. Es licenciada en Lengua, Literatura y Civilización China por la Universidad Michel de Montaigne III de Burdeos. Es autora de varios libros de poesía, entre ellos *El cielo y el poder, Transmutaciones* (Premio Carmen Conde) y *El cabello es más largo que el amor*. Publicó la obra teatral *Las hijas de Lot* y su novela sobre Li Qingzhao fue finalista del Premio Planeta 2023.

She is a poet and holds a PhD in Hispanic Philology from the Complutense University of Madrid. She holds a degree in Chinese Language, Literature, and Civilization from Michel de Montaigne University Bordeaux III. She is the author of several poetry books, including *El cielo y el poder, Transmutaciones* (Carmen Conde Prize), and *El cabello es más largo que el amor*. She published the play *Las hijas de Lot*, and her novel about LiQingzhao was a finalist for the 2023 Planeta Prize.

**Márgara Goyzueta**
Establecida desde 2003 en Toronto, Canadá, combina la escritura creativa con las artes plásticas y la arquitectura.
Toronto, Canada-based, Márgara combines creative writing with fine arts and architecture.

**Luz Armida Guerrero**
Maestra y abogada mexicana, ha dedicado el trabajo de su vida a la agricultura orgánica en California y México. Traduce libros inglés-español y viceversa; los últimos son: *La Primera Mujer Papisa* y *Colectando Polvo de Estrellas* del reconocido autor Víctor Villaseñor de Oceanside, California.
She is a Mexican teacher and lawyer. She has put her life's work into Organic Agriculture across California and Mexico. She translates books English into Spanish and vice versa; the latest ones are: *The First Women Pope* and *Gathering Star Dust* by Oceanside, CA well-known author Víctor Villaseñor.

**Gabriela Guinea-Johnston**
Lic. en Historia del Arte, con estudios de post grado en Letras Modernas, Creación Literaria, Literatura Mex. S XX, Didáctica, Comunicaciones y Psicología. Ha sido voz y productora de Radio, maestra, crítica, editorialista y traductora. Publicó el libro infantil *Dora: la estrella de Mar* y los poemarios *Rio de Nubes* y *Resquicios*; está por publicar *Entramado*.
Art History BA, post graduate degrees in Modern Literature, Literary Creation, Mexican Literature of the 20$^{th}$ C, Didactics, Communications and Psychology. Has been announcer and radio producer, teacher, art critic, editorialist, and translator. Published "Dora, the Sea Star" (a bilingual children's book) and the poetry books *River of Clouds* and *Resquicios*. She is in the process of publishing *Entramado*.

**Iliana Hernández Arce**
Beca del CECA Jalisco 2013 por el libro *Suicidario*. Ha publicado los libros: *Relámpago inmediato* (2017) *Trend* (2017; 2019), *Alas de papel volando* (2018), *Negrario* (2020), *Nuevo diccionario de las palabras que debieron desaparecer pero garabatean una moda insidiosa* (2022; 2023). Premio Nacional de Poesía Alama Karla Sandoval 2024.
She is the recipient of the CECA Jalisco 2013 scholarship for the book *Suicidario*. She has published: *Relámpago inmediato* (2017) *Trend* (2017; 2019), *Alas de papel volando* (2018), *Negrario* (2020), *Nuevo* diccionario de las palabra que debieron desaparecer pero garabatean una moda insidiosa (2022; 2023). Winner of the Alma Karla Sandoval National Poetry Prize 2024.

**Iliana Hernández Partida**
Es docente en la Universidad Autónoma de Baja California y perito traductor. Colabora en revistas y suplementos culturales como Identidad y Palabra. Sus libros publicados abarcan el ensayo, el cuento, historias de vida y poesía. Ama pintar.
She is a teacher at the Autonomous University of Baja California and a certified translator. She writes for culture magazines as Identidad and Palabra. Her books go from essay, short stories, life narratives and poetry. She loves painting.

**Claire Joysmith**
Escribe poesía y prosa de manera bilingüe. Ha sido traductora y docente universitaria en la UNAM, dedicada a la difusión de la literatura, la cultura y la creacion poética. Ha publicado cinco poemarios y su poesia se ha traducido al inglés, español, maya, italiano y turco. Es editora y traductora de *Cantar de espejos*, una antología bilingüe de poetas mujeres chicanas, entre varios otros volúmenes.

Claire writes poetry and prose bilingually, is a translator and Literature Professor at the UNAM, engaging in creative writing, poetic language and transborder culture. She has published widely, including five poetry volumes; her work has been translated into English, Spanish, Maya, Italian and Turkish. She is the editor and translator of *Cantar de espejos*, a bilingual anthology of Chicana women writers, among other volumes.

**Lola Langarica**
Es licenciada en Escritura Creativa por el Claustro de Sor Juana y Filosofía por la Universidad Nacional Autónoma de México. En 2018, la Secretaría de Cultura publicó su poemario debut: *No hay manantiales en la carne.*

She holds a Literature and Creative Writing degree from the *Claustro de Sor Juana*. Her debut poetry collection, *No hay manantiales en la carne* (2018), was published by the Fondo Editorial del Estado de Morelos.

**Rossy Lima Padilla**
Poeta. Traductora. Lingüista. Activista. Autora de *Ecos de Barro* (2013) y *Aguacamino/ Waterpath* (2015).

She is a poet, translator, linguist, and activist. She is the author of the poetry books *Ecos de Barro* (2013) and *Aguacamino/ Waterpath* (2015).

**Guisela López**
Escritora, poeta y crítica literaria. Poemarios: *Zapatos chinos. Poesía Feminista para Descalzarse el Patriarcado* 2021 *Voces Urgentes* 2013, *Mujer de nueva cuenta* and *Nueva Mirada* 2012, *Versos del desamor* 2011 and *Postales de ciudad* 2010, *Brujas* 2006, *Canto nuevo* 1980, *En busca del amanecer* 1976.

Writer, poet and literary criticism. Poetry books: *Zapatos chinos. Poesía Feminista para Descalzarse el Patriarcado 2021, Voces Urgentes* 2013. *Mujer de nueva cuenta* and *Nueva Mirada* 2012, *Versos del desamor* 2011 and *Postales de ciudad* 2010, *Brujas* 2006, *Canto nuevo* 1980, *En busca del amanecer* 1976.

**Aída Teresa López del Valle**
Nacida y criada en Guatemala. Educadora de profesión y vocación, ha trabajado en la educación bilingüe para niños, jóvenes y adultos. Ha trabajado como traductora e intérprete.

Born and raised in Guatemala. An educator by profession and vocation, she has worked in bilingual education for children, youth and adults. She's also worked as a translator and interpreter.

**EnriKetta Luissi**
Pseudónimo de Olga García, editora de esta edición.
She is the pseudonym of Olga García, editor of this edition.

**Carlos Magaña Renoud**
Su trabajo abarca desde la traducción de manuales especializados de manufactura y electrónica a interpretación en conferencias médicas. Ha realizado seis adaptaciones completas de espectáculos musicales del inglés al español.

His work ranges from translating specialized manufacturing and electronics manuals to interpreting at medical conferences. He has done six complete adaptations of musicals from English to Spanish.

**Miriam Damaris Mardivino**
Es poeta, escritora y social puertorriqueña. trabajadora, activista, bailadora, curandera. También sirve a la comunidad como trabajadora social y es miembro del Colectivo de Grupos Puertorriqueños de Houston. Su libro *Enraizada* fue publicado en 2022; su traducción al inglés, *Rooted,* se publicó al año siguiente.

She is a Puerto Rican poet, writer, social worker, activist, dancer, and healer. She also serves the community as a social worker and is a member of the Puerto Rican Groups Collective of Houston. Her book *Enraizada* was published in 2022; its English translation, *Rooted*, was released the following year.

**Cristina Márquez**
Poeta, docente, promotora literaria, editora y traductora independiente de poesía que reside en Tijuana, Baja California.

Poet, teacher, literary promoter, freelance poetry editor and translator that lives in Tijuana, Baja California.

**Alberto Melena**
Ha publicado su obra literaria en revistas, antologías y portales digitales de México, España y Colombia; en los libros: *En el orgasmo de la palabra, Nidema y Un cuarto para saber qué pasa.* Locutor de los programas de radio Pulso VMI y Artitudes: expresiones diversas en UABC Radio. Cofundador de Border Collage.

He has published his literary work in magazines, anthologies, and digital portals in Mexico, Spain, and Colombia; in the books *En el orgasmo de la palabra, Nidema* and *Un cuarto para saber qué pasa*. He is broadcaster of Pulso VMI and Artitudes: expresiones diversas on UABC Radio. Cofounder of Border Collage.

**Fabiola Morales Gasca**
Autora entre otros de *Para tarde de lluvia y nostalgia (2014), Crónicas sobre mar, tierra y aire, El mar a través del caracol (2017), Luciérnagas (2020), Ruta de Palimpsesto (2022), Cartografía del Caos (2023), Rueda del Dharma (2024)*.

She is the author among others of *Para tarde de lluvia y nostalgia (2014), Crónicas sobre mar, tierra y aire, El mar a través del caracol (2017), Luciérnagas (2020), Ruta de Palimpsesto (2022), Cartografía del Caos (2023), Rueda del Dharma (2024).*

**Mónica Morales Rocha**
Tijuanense-peninsular. Escritora, docente universitaria, divulgadora y gestora cultural. Editora de la revista electrónica de divulgación literaria y otras expresiones artísticas *Hipérbole Frontera*. Autora de poesía y narrativa breve. Coeditó *El incendio que habitan,* antología de escritoras de Baja California (Pinos Alados / Hipérbole Frontera, 2022).

*Tijuanense-peninsular.* Writer, university professor, communicator and cultural manager. Editor of the electronic magazine for literary dissemination and other artistic expressions *Hipérbole Frontera.* Author of poetry and short fiction. She co-edited *The fire they inhabit*, an anthology of women writers from Baja California (Pinos Alados / Hipérbole Frontera, 2022).

### Eliézer Navarro

Estudió la licenciatura en Filosofía y una maestría en Estética. Ha realizado algunas traducciones de poesía del inglés y de la francofonía al español.

He has a major in Philosophy and a master degree in Aesthetics. He has made some poetry translations from English and from the Francophony to Spanish.

### Javier Norambuena

Poeta. Escritor. Psicoanalista. Es autor de varios libros de poesía y participado en festivales de poesía en Chile, México, España, Puerto Rico y Perú. Radica en Madrid.

He is a poet, writer and psychoanalist. He is the author of several poetry books. He has participated in poetry festivals in Chile, Mexico, Spain, Puerto Rico and Peru. He lives in Madrid.

### Marijose Padilla Hernández

Es traductora por la Universidad Autónoma de Baja California. Labora en el campo de la traducción médica. En su tiempo libre lee y hace ilustración para libros y amigos.

She graduated from the Autonomous University of Baja California as a translator. She works in the field of medical translation. In her spare time, she reads and does illustration for books and friends.

### Bibiana Padilla Maltos

Poeta y artista conceptual estrechamente vinculada al movimiento Fluxus. Es cofundadora de los proyectos A.V.TEXTFEST/PRESS y WowNow! Ha realizado exposiciones, performances, residencias e intervenciones alrededor del mundo.

Poet and conceptual artista closely tied to the Fluxus Movement. Co-founder of the projects A.V.TEXTFEST/PRESS and WowNow! She has participated in performances and exhibition internationally.

### Yara Patiño Estévez

Escritora, editora, gestora cultural y comunicadora. Ha publicado artículos, ensayos y poemas en revistas especializadas, así como textos curatoriales y de sala para exposiciones en galerías y museos. Autora de los poemarios *Los pies de Karl Richter tropiezan sin pisar el suelo* y de ";" en la colección Prueba de Autor de Mano Santa Editores.

She is a writer, editor, cultural manager, and communicator. She has published articles, essays, and poems in specialized magazines, as well as curatorial and exhibition texts for galleries and museums. Author of the poetry booklets *Karl Richter's Feet Stumble Without Touching the Ground* and ";" in the Prueba de Autor collection by Mano Santa Editores.

### Daniel R.C. R

Diseñador Integral. Ha impartido diversos talleres referentes al diseño y la literatura.

Integral Designer. He has taught several workshops on design and literature.

**María José (Majo) Ramírez Jiménez**

Editora, reportera y escritora. Sus textos han sido publicados en *Tierra Adentro, Marabunta, ERRR Magazine, Enpoli, Hipérbole Frontera* y *Mil Meseta*s; asimismo, dirige *Poderosas. Círculo de lectura de escritoras latinoamericanas.* Sus cuentos aparecen en las antologías *Voces indómitas* (2022) y *Vagón rosa rosa rosa* (2024).

She is an editor, reporter, and writer. Her work has been published in *Tierra Adentro, Marabunta, ERRR Magazine, Enpoli, Hiérbole Frontera,* and *Mil Mesetas.* She also leads *Poderosas: A Reading Circle of Latin American Women Writers.* Her short stories appear in the anthologies *Voces indómitas* (2022) and *Vagón rosa rosa rosa* (2024).

**Dalia Azucena Ramos Leyva**

Es arquitecta y escritora. Ha publicado en la revista literaria *Papeles de la Mancuspia* (Monterrey, Nuevo León, edición julio 2011 y edición agosto 2011).

She is an architect and writer. Her writing has appeared in the literary magazine *Papeles de la Mancuspia* (Monterrey, Nuevo León, July and August 2011 editions).

**Jennifer Rathbun**

Poeta y traductora, fue recipiente del premio Ambroggio 2021 de la Academia de Poetas Americanos, y es miembro de la American Literary Translators Association. Como traductoraha publicado veinte poemarios en traducción y como autora ha publicado las colecciones originales *El libro de las traiciones* (2020) y *Precipicio* (2023**).**

Poet and translator, Rathbun was awarded the 2021 Ambroggio Prize by The Academy of American Poets and she is a member of the American Literary Translators Association. As a translator she has published twenty books of poetry by Hispanic authors, including Alberto Blanco, Minerva Margarita Villarreal, Fernando Carrera, Juan Armando Rojas Joo, and Carlos Aguasaco, and as an author she has published the poetry collections *The Book of Betrayals* (2020) and *Precipice* (2023).

**Richard Reitsma**

Su investigación se centra en temas latinos, caribeños y de diáspora, inmigración y LGBTQIA+. Fundador y director de la Iniciativa Fronteras y Migraciones.

His research focuses on LatinX, Caribbean and Diaspora, Immigration, and LGBTQIA+ themes. Dr. Reitsma is also the founder and director of the Borders & Migrations Initiative.

**Edwin Rendón**

Es el primer mexicano americano de su familia. Es maestro de alfabetización digital y mercadotecnia para adultos en California. Rendón forma parte del grupo de poetas Drum Circle Radio + San Ysidro Mulmenyah.

He is the first Mexican-American in his family. He has been teaching digital literacy and marketing to adults throughout California. Rendón is part of the Drum Circle Radio + San Ysidro Mulmenyah poetry group.

**Pilar Rodríguez Aranda**
Es una escritora y premiada artista multidisciplinaria. Su obra abarca la poesía, el videoarte y el discurso feminista. Nombrada Beat Poet Laureate Internacional en 2021, su trabajo ha sido reconocido en festivales de América, Europa y Medio Oriente.
She is a writer and award-winning multidisciplinary artist. Her work encompasses poetry, video art, and feminist discourse. Named International Beat Poet Laureate in 2021, her work has been recognized at festivals in the Americas, Europe, and the Middle East.

**Sofía Rodríguez Fernández**
Antropóloga, poeta y artista visual. Su más reciente libro es: *Materia del Origen*, (Primero Sueño Editora, 2023).
She is an anthropologist, poet and visual artist. Her most recent book is: *Materia del Origen,*(Primero Sueño Editora, 2023).

**Daniel Rojas Pachas**
Escritor y editor chileno. publicado los poemarios *Gramma, Carne, Soma, Cristo Barroco, Allá fuera esta ese lugar que le dio forma a mi habla* y *Mecanismo destinado al simulacro*. En ensayo ha publicado *Realidades dialogantes* y *El arte de la cháchara: la poética de lo abigarrado en las novelas de Enrique Lihn*. Es autor de las novelas *Tremor, Random, Video Killed the Radio Star,* y *Rancor.*
He is a Chilean writer and editor. He is the author of the poetry books: *Gramma, Carne, Soma, Cristo Barroco, Allá fuera esta ese lugar que que le dio froma a mi habla* and *Mecanismo destinado al simulacro. ymihabla* and *Mecanismo destinado al simulacro*. His essay publications are *Realidades dialogantes* y *El arte de la cháchara: la poética de lo abigarrado en las novelas de Enrique Lihn*. He is the author of the novels: *Tremor, Random, Video Killed the Radio Star,* and *Rancor*.

**Pepe Rojo**
Ha publicado siete libros y más de 300 textos en géneros y formatos híbridos, desde teoría especulativa e intervenciones de ciencia ficción en el cruce fronterizo hasta ficción, un diccionario filosófico de Tijuana.
He has published seven books and more than 300 texts in hybrid formats and genres, from science fiction interventions at the border crossing, speculative theory and fiction, to a philosophical dictionary of Tijuana.

**Manuel Romero**
Es autor de los siguientes libros de poesía: *Todo esto se dirá* (ICBC, 2008) y *Treno de la mano izquierda* (Pinos Alados, 2023).
He is the author of the poetry collection: *Todo esto se dirá* (ICBC, 2008) and *Treno de la mano izquierda* (Pinos Alados, 2023).

**Guillermo Romo de los Reyes**
Ha publicado los poemarios *Escafandra* y *Poemas Queer en el Rancho*.
He is the author of *Escafandra* and *Poemas Queer en el Rancho*.

**Françoise Roy**
Poeta, traductora, narradora y fotógrafa. Ha ganado el Premio Nacional de Traducción Literaria en Poesía (INBA, 1997), el Premio Jacqueline Déry-Mochon de novela (Québec, 2006), los premios de poesía Alonso Vidal (Sonora, 2007) y Tijuana 2015, Ditët e Naimit (Macedonia, 2008) y Poetry Nights of Curtea de Arges (Rumania, 2011), el DJS Translation Award (Beijing-Los Ángeles, 2016) y el Premio de poesía AESAL (París, 2019).

She has an M.A. (University of Florida, 1983) and certificates in Latin American Studies, Translation and Photography. She has published a dozen poetry collections, three books of short stories and three novels, in French and Spanish. She has won many literary awards and has been an artist in residence in Canada, Argentina, Estonia and China. She has been invited to poetry festivals around the world.

**Tamara Salamonovitz**
Vive en la Ciudad de México, donde combina la escritura con el arte escénico, el cine y la fotografía. Ha escrito y protagonizado varias obras de teatro independiente, como Azul Melódico Solar (2016), así como el largometraje Nuestro Viaje a la India (2022). En 2025 publica su primer poemario: *Pantera de Arena*.

She lives in Mexico City, where she combines writing with the performing arts, cinematography, and photography. She has written and starred in several independent plays, like *Azul Melódico Solar* (2016), as well as the feature film Our Trip to India (2022). In 2025, she published her first collection of poems: *Pantera de Arena*.

**Armando Salgado**
Es autor de 18 libros de poesía, narrativa y literatura infantil y juvenil entre los que destacan: *Fisura. Tres poetas de la distopía* (Sombrario, 2024; Premio de la revista Levadura, 2020) y *Red border* (IMAC, 2020; Premio Nacional de Poesía Tijuana 2020).

He is the author of 18 books of poetry, fiction and children's and young adult literature, among which stand out: *Fisura. Tres poetas de la distopia* (Sembrario, 2024; Levadura Magazine Award 2020) and *Red Border* (IMAC 2020, National Poetry Prize Tijuana 2020).

**Jafeth Sánchez**
Profesora titulada y directora del Centro de Investigación Latino en la Universidad de Nevada, Reno.

She is associate professor and director of the Latino Research Center at the University of Nevada, Reno.

**Alan Smith Soto**
Es autor de cuatro colecciones de poesía. Doctor en Filosofía por Harvard University, es *Professor Emeritus* de español en la Universidad de Boston. Su interés crítico ha versado sobre varios autores hispanos de los siglos de oro y los siglos 19-21, incluyendo Cervantes, Galdós, Lorca y Vallejo. Su edición facsimilar de *España, aparta de mí este cáliz*, apareció en el 2012.

The author of four books of poems, *Fragmentos de alcancía* (1998), *Libro del lago* (2014), *Hasta que no haya luna* (2021) and *Templo* (2024). His translation of Robert Creeley's *Life and Death* (*Vida y muerte*) was published in 2000 (Madrid: Árdora). His play, *César y Federico* was premiered in Madrid in October, 2025.

**Carlos F. Tarrac**
Escritor, maestro e ilustrador. Es autor galardonado de ficción y poesía, con premios en el Festival del Libro de París y los Premios Internacionales del Libro Latino. Miembro vitalicio de la Sociedad Internacional de Autores Latinos.

Writer, teacher, and illustrator. He is an award-winning author of fiction and poetry with honors at the Paris Book Festival and International Latino Book Awards. Life member of The International Society of Latino Authors.

**Daniel Téllez**
Es poeta, profesor de la UPN, investigador del Estridentismo y Doctor en Historia del Arte. Ha publicado diez títulos de poesía, doce antologías literarias y es coautor de más de veinte libros de crítica literaria, ensayo y narrativa.

He is a poet, professor at the National Pedagogical University (UPN), a researcher on Stridentism, and holds a PhD in Art History. He has published ten poetry books, twelve literary anthologies, and co-authored more than twenty books focused on literary criticism, essays, and fiction. His texts have been translated into English, German, Portuguese, and Greek.

**Angélica M. Yañez**
Es poeta y educadora chicana indígena cuya obra honra la ceremonia y la memoria ancestral. Fundadora del Instituto de Enseñanzas Ancestrales, su poesía ha aparecido en *Latina: Struggles and Protests*, *FlowerSong Press* y ha sido presentada por Planned Parenthood.

She is an Indigenous Chicana poet and educator whose work honors ceremony and ancestral memory. Founder of The Ancestral Teachings Institute, her poetry has appeared in *Latina: Struggles and Protests*, *FlowerSong Press*, and featured by Planned Parenthood.

**Ánuar Zúñiga Naime**
Desde 2009 forma parte del colectivo de poesía multimedia, Los KFGC. Es autor de los poemarios *Sector 7-G*, *El metabolismo de los reptiles* y *999 disponibles* en colaboración con Ángel Ortuño.

Since 2009, he has been part of the multimedia poetry collective, Los KFGC. He is the author of the poetry books *Sector 7-G*, *El metabolismo de los reptiles* (The Metabolism of Reptiles), and *999 disponibles* (999 In Stock), in collaboration with Ángel Ortuño.

# Editores / Editors

### EDITORA / EDITOR

**Olga García** (Torreón, México)

Poeta. Fisicomatemática. Traductora. Pertenece al grupo de haiku SDHSG de San Diego. Sus libros de poesía *ÌÌÉ, Dark Matter, Emily,* y *En el Nombre de π* fueron publicados en México y su libro *Visitaciones* en Chile. Escritora bilingüe (inglés y español). Publica bajo el nombre Olga Gutiérrez Galindo y bajo el seudónimo enriKetta luissi.

Olga is a poet, physicist, mathematician, and translator. She belongs to the San Diego haiku group SDHSG. Her poetry books *ÌÌÉ, Dark Matter, Emily,* and *En el Nombre de π* ( *In the Name of π)* were published in Mexico, and her book *Visitaciones* in Chile. She is a bilingual writer (English and Spanish). She writes under the names Olga Gutiérrez Galindo and enriKetta luissi (pseudonym).

### EDITOR EN JEFE / PUBLISHER

**Michael Klam**

Es editor en jefe y editor asociado del *San Diego Poetry Annual*. Co-editor de la publicación bilingüe del *SDPA*. Coordina el programa titulado *Conversaciones con poetas*, mediante entrevistas realizadas en audio o video a los poetas más destacados de San Diego. Su libro, *Emma and the Buddha Frog* (Puna Press), fue finalista del San Diego Book Awards. Sus más recientes colecciones son *The Cheapest Flight to Paradise* (Puna Press: 2018) y *Anything for a Dull Moment*, (Garden Oak Press: 2020).

He is executive editor and associate publisher of the *San Diego Poetry Annual*. He co-edits the bilingual edition of *SDPA*. He hosts *Conversations with Poets*, a series of video and audio interviews, featuring San Diego's finest poets. His book, *Emma and the Buddha Frog* (Puna Press), was a San Diego Book Awards finalist. His most recent collections are *The Cheapest Flight to Paradise* (Puna Press: 2018) and *Anything for a Dull Moment* (Garden Oak Press: 2020).

### EDITOR FUNDADOR / FOUNDER

**William Harry Harding**

Novelista, poeta, fotógrafo, músico: ha escrito cuatro novelas y un libro para niños, *El Famoso No-Caballo de Alvin* (Henry Holt: 1992). Bill es el editor fundador del *Anuario del Poesía de San Diego* y Garden Oak Press, y presidente fundador del San Diego Entertainment + Arts Guild.

Novelist, poet, photographer, musician, he has written four novels and a children's book, *Alvin's Famous No-Horse* (Henry Holt: 1992). He is the founding publisher of the *San Diego Poetry Annual* and Garden Oak Press, and the founding president of the San Diego Entertainment + Arts Guild.

# Agradecimientos

A los cincuenta y tres poetas y veinte traductores por sus maravillosos poemas.

A Bill Harding y a Michael Klam por su apoyo invaluable en este hermoso proyecto.

A Claire Joysmith por inspirarnos para utilizar el titulo de su poema Papalotl como titulo de este libro.

Gracias a todos ellos por su amor a la poesía.

# Thanks

To the fifty three poets and twenty translators for their wonderful poems.

To Bill Harding and Michael Klam for their invaluable support in this beautiful project.

To Claire Joysmith for the inspiration to title this book with the title of her poem Papalotl.

Thanks to all of them for their love for poetry.

# Créditos

watercolors by **Brian Meyer**
@artbybrianmeyer

Portada y Frontispicio: *Jazz Jam*

Contraportada: *The Gaslamp*

# Credits

Cover and Frontispiece: *Jazz Improvisado*

Back Cover: *El distrito de Gaslamp*

Made in the USA
Coppell, TX
23 February 2026

72213370R00085